BESTACTIVITYBOOKS.COM

Copyright © 2022 LINGUAS CLASSICS

PRIMEIRA EDIÇÃO - 2022

Ilustración gráfica adicional: www.freepik.com
Graças a Alekksall, Starline, Pch.vector, Rawpixel.com,
Vectorpocket, Dgim-studio, Upklyak, Macrovector,
Stockgiu, Pikisuperstar & Freepik.com Designers

Descobrir Jogos Online Grátis

Disponível Aqui:

BestActivityBooks.com/FREEGAMES

5 DICAS PARA COMEÇAR

1) CÓMO RESOLVER LAS SOPA DE LETRAS

Os puzzles têm um formato clássico:

- As palavras estão escondidas sem espaços ou hífenes,...
- Orientação: As palavras podem ser escritas para a frente, para trás, para cima, para baixo ou na diagonal (podem ser invertidas).
- As palavras podem sobrepor-se ou intersectar-se.

2) APRENDIZAGEM ACTIVA

Ao lado de cada palavra há um espaço para anotar a tradução. Para encorajar a aprendizagem activa, um **DICIONÁRIO** no final desta edição permitir-lhe-á verificar e expandir os seus conhecimentos. Procure e anote as traduções, encontre-as no puzzle e adicione-as ao seu vocabulário!

3) MARCAR AS PALAVRAS

Pode inventar o seu próprio sistema de marcação - talvez já use um? Pode também, por exemplo, marcar palavras difíceis de encontrar com uma cruz, palavras favoritas com uma estrela, palavras novas com um triângulo, palavras raras com um diamante, e assim por diante.

4) ESTRUTURANDO A APRENDIZAGEM

Esta edição oferece um **CADERNO DE NOTAS** prático no final do livro. Nas férias, em viagem ou em casa, pode facilmente organizar os seus novos conhecimentos sem a necessidade de um segundo caderno!

5) JÁ TERMINOU TODAS AS GRELHAS?

Nas últimas páginas deste livro, na secção **DESAFIO FINAL**, encontrará um jogo gratuito!

Rápido e fácil! Consulte a nossa colecção de livros de actividades para o seu próximo momento de diversão e **aprendizagem**, a apenas um clique de distância!

Encontre o seu próximo desafio em:

BestActivityBooks.com/MeuProximoLivro

Aos vossos lugares, preparem-se...Vão!

Sabia que existem cerca de 7.000 línguas diferentes no mundo? As palavras são preciosas.

Adoramos línguas e temos trabalhado arduamente para criar livros da mais alta qualidade para si. Os nossos ingredientes?

Uma selecção de tópicos adequados à aprendizagem, três boas porções de entretenimento, e depois acrescentamos uma colherada de palavras difíceis e uma pitada de palavras raras. Servimo-los com amor e máximo divertimento, para que possa resolver os melhores jogos de palavras e se divirta a aprender!

A sua opinião é essencial. Pode participar activamente no sucesso deste livro, deixando-nos um comentário. Gostaríamos de saber o que mais lhe agradou nesta edição.

Aqui está um link rápido para a sua página de encomendas:

BestBooksActivity.com/Avaliacoes50

Obrigado pela vossa ajuda e divirtam-se!

A Equipa Inteira

1 - Dirigindo

م	ط	ر	إ	د	و	ق	و	ى	ؤ	ع	ر	ا	ش
ح	ر	خ	ذ	ر	ط	خ	ر	غ	ى	م	ل	ل	ر
ر	ي	ص	ؤ	ا	إ	ر	ظ	ظ	ؤ	ن	غ	م	ط
ك	ق	ة	ض	ج	ن	ي	د	س	ق	ش	ج	ش	ة
ر	إ	ت	ك	ة	ز	ط	ة	ل	ت	ط	ى	ا	ص
ا	ق	ف	ن	ن	إ	ة	أ	ف	ئ	د	ث	ة	ح
ج	ع	ي	ن	ا	ب	ل	م	ا	ر	ف	ب	ض	غ
ث	د	ا	ح	ر	ز	ط	ن	ر	ذ	ح	ل	ا	ى
ؤ	ى	ع	ف	ي	إ	ف	ص	ز	ق	ص	ز	ئ	ق
و	خ	ص	آ	ة	ح	ث	م	خ	ئ	ة	ذ	ض	س
د	ض	ر	و	ر	م	ل	ا	ة	ك	ر	ح	ي	ض
د	ظ	ط	ؤ	ظ	ئ	ث	ظ	ص	ل	ث	ا	ص	إ
ت	ل	ش	ف	ى	ث	ى	ت	ل	خ	ر	خ	ظ	ا
ك	م	د	د	ر	آ	ر	ك	ؤ	ة	ع	آ	ف	ئ

دراجة نارية
محرك
المشاة
خطر
شرطة
شارع
أمن
النقل
حركة المرور
نفق

حادث
سيارة
وقود
الحذر
طريق
فرامل
كراج
غاز
رخصة
خريطة

2 - Atividades

ا	ت	ع	ى	ت	ط	ا	م	ن	ئ	ص	ز	ع	إ
ل	ص	ى	ج	ذ	ل	ؤ	ث	ش	ب	ؤ	ض	ا	آ
ص	و	ا	غ	ل	ص	ة	ء	ا	ر	ق	خ	س	ث
ي	ي	ل	و	س	ؤ	ش	ع	ط	ع	ب	ا	ت	و
د	ر	ح	م	ص	ا	ض	ف	ف	ب	ؤ	ث	ر	ض
ب	ة	ر	آ	ص	ئ	ؤ	ن	ل	س	خ	د	خ	ت
د	ن	ف	ه	ي	ف	ر	ت	ل	ا	ج	ز	ا	ت
خ	ة	ن	ت	س	ب	ا	ع	ل	أ	ح	ة	ء	ض
ع	ن	ن	ن	ة	ع	ت	م	ا	ش	خ	ط	ع	غ
ث	ئ	ع	ذ	ت	ك	ص	ى	ن	ب	ك	ة	إ	س
ع	ئ	ظ	ض	ب	ا	ك	م	س	ل	ا	د	ي	ص
ف	ق	ط	ل	ل	ش	غ	ذ	ظ	س	غ	ق	ط	ا
ر	ح	س	ح	س	غ	و	ب	ى	ن	آ	ي	ؤ	ن
ت	ل	س	ج	إ	ة	ب	د	ح	ة	ر	ا	ه	م

ألعاب
الترفيه
قراءة
سحر
صيد السمك
اللوحة
متعة
استرخاء

فن
الحرف
نشاط
الصيد
تصوير
مهارة
المصالح
بستنة

3 - Churrascos

ق	ف	ص	و	ا	ج	و	ع	غ	ح	آ	ص	ك	خ
ع	ا	د	و	س	ل	ح	ى	د	ر	ش	ع	ج	ذ
ت	ك	آ	ج	ك	ر	س	ذ	ا	ح	و	ش	ذ	ش
ط	ه	ط	م	ا	ط	م	ل	ء	ا	ا		خ	م
إ	ة	ا	و	ك	ج	د	ص	ط	ر	ي	ء	ض	أ
ي	ح	ر	س	ي	ث	ل	ظ	ر	ا	ة	ت	ر	ل
ض	ش	غ	ي	ن	ق	ن	د	غ	ل	ت	م	و	ع
خ	ى	ص	ق	غ	ح	ك	ع	ن	أ	خ	ح	ا	ا
إ	س	إ	ى	ح	ل	ي	و	ج	ط	ز	س	ت	ب
ى	ل	ؤ	م	ص	ل	ص	ة	أ	ف	ص	ي	ف	خ
ؤ	ن	ط	ن	ل	ع	إ	ا	س	ا	ز	آ	ئ	ط
ؤ	آ	م	د	ق	ح	ط	إ	ر	ل	ي	ي	ش	إ
ث	آ	ن	ف	ل	ف	ل	ث	ة	و	ح	ق	إ	ن
ح	ص	ى	ي	ص	ع	ل	آ	ا	ا	ا	ى	ئ	ؤ

غداء
دعوة
الأطفال
سكاكين
أسرة
جوع
دجاج
فاكهة
شواية
عشاء

ألعاب
خضروات
صلصة
موسيقى
فلفل
حار
ملح
السلطات
طماطم
صيف

4 - Pesca

خ	ئ	ط	ا	ى	آ	س	ج	آ	ئ	ح	و	ز	ن
ك	م	ص	ب	ر	خ	ر	ع	ق	ع	ش	ع	آ	ه
ض	ل	إ	ن	ظ	ث	ع	م	ع	د	ا	ت	ض	ر
ج	د	ؤ	م	ذ	ش	خ	و	آ	ط	ط	ع	م	ف
ز	ن	آ	ي	ق	ئ	ط	د	ف	ا	ئ	ح	م	ؤ
ع	ق	خ	ب	ث	ي	ا	ز	ع	ا	ن	ف	ب	د
ج	ا	ض	ث	ح	ا	ف	خ	ت	ر	ة	ى	ا	د
إ	ر	ت	ئ	خ	ي	ا	ش	ي	م	خ	س	ل	ك
س	ب	ص	ص	ت	ل	ر	ك	ى	ح	غ	ل	غ	إ
م	ا	ل	م	و	س	م	ة	خ	ي	ع	ة	ة	ة
ئ	ا	م	ا	خ	ل	ى	ن	ل	ط	ل	ؤ	ت	ش
ط	ط	ء	ة	ل	ي	إ	ث	ل	ك	إ	ث	ح	ت
ن	س	و	د	ش	آ	و	ك	ع	ر	ت	ف	ع	ؤ
خ	آ	ت	ص	ث	ج	ل	ر	ن	ي	ظ	غ	ك	د

طعم
بحيرة
فك
محيط
صبر
وزن
شاطئ
نهر
الموسم

ماء
زعانف
قارب
خياشيم
سلة
معدات
مبالغة
سلك
خطاف

5 - Geologia

ك	ه	ف	ى	ا	ل	ح	م	م	ض	ز	ب	ط	د
ع	م	إ	ا	ل	ك	ل	س	ي	و	م	ل	ش	و
ظ	س	و	ف	م	ر	و	ح	ج	ز	ح	و	ب	ر
ح	م	ض	ق	ع	ا	ذ	ه	ف	ئ	ج	ر	ر	ا
ث	ز	ل	ز	ا	ل	ى	ض	آ	ر	ر	ا	ك	ت
ط	ب	ق	ة	د	ر	س	ب	ح	ل	ي	ت	ا	آ
إ	خ	ش	ق	ن	ع	ة	ة	ب	ض	ئ	ة	ن	ك
ا	ا	ل	ص	و	ا	ع	د	ر	ز	ع	ئ	ا	ل
م	ل	ة	ف	ز	ى	ج	ة	إ	ي	د	ظ	ك	ي
ن	ج	م	خ	ا	ك	ا	ة	ك	ة	ع	ح	إ	س
ط	ث	ر	ر	د	ن	ئ	ز	ن	خ	س	ى	خ	ص
ق	ع	ى	ز	ج	ظ	ص	ت	ص	ف	ك	م	م	ث
ة	ص	ذ	م	ل	ا	ة	ن	ت	ك	ز	ل	ح	ذ
خ	ح	ت	ظ	د	ي	ن	ض	ح	غ	ج	ح	ن	و

حفرية
الحمم
المعادن
حجر
هضبة
مرو
ملح
زلزال
بركان
منطقة

حمض
طبقة
كهف
الكلسيوم
دورات
قارة
المرجان
بلورات
تآكل
الصواعد

6 - Tempo

ذ	ى	ق	ص	ن	ن	ا	ذ	د	ج	ي	م	خ	ص
ى	ص	ر	ب	ا	ج	ذ	ئ	ق	ع	ن	ي	خ	ض
ض	ض	ن	ا	ل	م	ا	ض	ي	غ	ث	ؤ	ي	غ
ئ	غ	ق	ح	ل	ش	ض	ئ	ق	ل	ظ	خ	ج	و
ئ	ش	ع	ج	ي	ش	ع	ز	ة	ث	ح	ع	و	ش
و	ق	ت	ا	ل	ظ	ه	ي	ر	ة	ؤ	ظ	ط	م
ت	ق	و	ي	م	ل	ق	ر	س	ا	ع	ة	ة	د
ج	إ	ت	ح	س	خ	ف	ع	ش	د	ا	ك	ذ	ق
ت	ج	ؤ	ب	ت	أ	س	ب	و	ع	ل	ش	إ	ف
ت	ة	ت	ف	ق	ة	ث	ف	خ	خ	ع	ض	أ	و
د	ا	س	ة	ب	ا	ل	ي	و	م	ق	ر	م	ن
ى	ش	ن	ح	ل	د	ا	ل	آ	ن	د	ص	س	س
س	ز	و	ن	د	ق	ي	و	م	ق	إ	س	ن	ة
ز	م	ي	ش	ف	ش	ف	ض	ب	ة	س	س	ظ	ط

صباح
وقت الظهيرة
شهر
دقيقة
لحظة
الليل
أمس
الماضي
أسبوع
قرن

الآن
سنة
قبل
سنوي
تقويم
العقد
يوم
مستقبل
اليوم
ساعة

7 - Astronomia

ر	ر	ي	إ	ا	خ	ئ	إ	س	ص	ذ	ك	و	م
ا	ث	ع	د	ي	ف	س	ش	م	ت	ي	و	إ	ض
ئ	ر	ظ	خ	إ	ئ	ف	ع	ا	ل	آ	ك	ص	س
د	ب	ك	ي	و	ك	ل	ا	ء	غ	ة	ب	ي	ف
ف	ر	إ	ن	ك	ح	ك	ع	ت	خ	ت	ذ	ذ	س
ض	ظ	ة	ؤ	و	ي	ي	و	ي	ق	ف	ظ	ش	ر
ا	ك	س	خ	ك	ى	ث	غ	ص	غ	ؤ	ة	ا	ش
ء	ت	و	ق	ب	ئ	ر	غ	م	م	ي	ل	إ	م
ث	ف	ب	م	ة	ب	ش	ع	ث	ي	ا	ل	ن	س
ق	ط	ر	ر	ئ	غ	ض	ر	أ	ع	ع	ذ	ة	ي
س	ص	ن	س	ك	ك	ج	ا	ت	ا	آ	ظ	ذ	ن
د	ث	و	ح	س	و	ل	د	ل	خ	و	ر	ا	ص
ي	د	ف	ق	و	ن	ا	م	ة	ي	ب	ذ	ا	ج
م	د	ا	ن	ف	ل	ب	غ	ؤ	ي	ك	ز	ي	ن

قمر
نيزك
سديم
مرصد
كوكب
إشعاع
شمسي
سوبرنوفا
أرض
كون

الكويكب
رائد فضاء
فلكي
سماء
كوكبة
عالم
كسوف
الاعتدال
صاروخ
جاذبية

8 - Circo

ا	ذ	ض	أ	ت	ز	ش	ش	آ	ح	ا	ح	ش	إ
ل	آ	س	آ	ز	ف	ا	ؤ	ل	ي	ل	ه	ذ	م
م	د	ح	خ	د	ج	ى	و	ة	ل	ح	ز	ة	و
ح	ب	ر	ئ	ش	ئ	ي	ع	ن	ة	ي	ت	ى	ك
ت	ه	ا	ذ	ذ	ا	ر	آ	ش	ش	و	ذ	م	ب
ا	ل	ع	م	ت	ل	ئ	ك	ض	ة	ا	ك	ع	ل
ل	و	ن	و	س	ف	م	ن	ر	م	ن	ر	ث	و
ي	ا	ن	س	ا	ي	ة	م	ي	خ	ا	ة	ب	ج
ق	ن	ل	ي	ح	ل	ش	ذ	ج	ض	ت	ظ	ا	ا
ؤ	ظ	س	ق	ر	ى	ف	د	ه	ا	ش	م	ل	ا
خ	ط	ى	ى	ا	ة	ض	د	ك	غ	ث	ق	و	ج
ا	ى	ض	م	ش	ش	ك	ع	خ	ل	ب	ر	ن	ج
آ	ئ	ض	ن	ض	ح	ت	ن	ن	ن	ش	د	ا	ك
ذ	ا	ت	ج	ر	ه	م	ر	ث	ع	ج	ح	ت	ن

قرد
سحر
المحتال
ساحر
موسيقى
مهرج
خيمة
نمر
زي
حيلة

بهلوان
الحيوانات
بالونات
تذكرة
موكب
حلويات
الفيل
المشاهد
مذهل
أسد

9 - Acampamento

و	ي	ش	ظ	ي	أ	ر	ج	و	ح	ة	ز	ق	إ
آ	ى	م	خ	ز	ا	ا	ر	ف	س	ي	ش	ن	س
ب	ح	ي	ر	ة	د	ؤ	ط	غ	ع	غ	آ	ا	ص
و	ش	خ	ي	ب	ث	آ	ب	ا	ل	ز	و	ر	ق
ص	ر	ي	ط	ق	ؤ	خ	ي	ب	ل	ر	ظ	ز	ض
ل	ة	م	ة	ب	م	ش	ع	ة	ض	ص	ض	ب	ا
ة	ر	ة	إ	ع	ف	ر	ة	و	ع	د	ي	ل	ل
ا	ح	ق	ل	ة	ح	ث	ر	ن	ج	ع	ث	د	ح
م	ب	ة	ح	إ	ئ	و	ب	ى	خ	ؤ	ض	ح	ي
غ	ل	ث	م	ل	ص	و	ة	و	ب	خ	ت	ى	و
ا	ل	أ	ش	ج	ا	ر	م	و	ح	خ	ك	ب	ا
م	آ	ؤ	ح	خ	ب	م	ع	د	ا	ت	ج	ن	ن
ر	ق	س	إ	ث	ا	ل	م	ق	ص	و	ر	ة	ا
ة	ئ	ح	ل	س	ذ	ة	آ	ز	ي	ى	إ	ي	ت

غابة
نار
حشرة
بحيرة
قمر
أرجوحة
خريطة
جبل
طبيعة
خيمة

الحيوانات
مغامرة
الأشجار
بوصلة
المقصورة
الصيد
الزورق
قبعة
حبل
معدات

10 - Emoções

ث	م	إ	آ	ص	ا	ر	ر	ك	ا	ش	خ	ؤ	ز
ش	ي	ل	ل	م	ق	ة	ظ	ل	ح	ء	و	د	ه
س	ل	ك	ي	ط	ي	س	ن	ن	غ	ث	ف	ى	ي
ر	آ	ص	ض	ر	ت	ع	ا	ب	ح	ظ	ق	إ	ى
آ	ب	ك	ص	ض	ي	ن	ئ	خ	ب	آ	ة	ب	س
ى	و	ت	ح	م	ق	ب	ض	غ	ن	ز	ح	آ	ئ
ؤ	ئ	آ	ج	ر	ح	م	ي	ا	ق	ف	ر	ع	خ
ص	ي	ن	د	ؤ	ح	ف	ط	ل	ل	ا	ع	غ	ص
خ	ش	ظ	ى	ئ	م	ص	ح	ئ	ي	ل	ر	غ	غ
ث	ث	ع	خ	ظ	ش	ب	ى	ب	م	ه	ص	د	د
ج	ز	ل	ذ	ع	ا	و	ك	ي	ت	د	د	س	س
ز	ذ	ث	آ	ص	ث	آ	آ	و	ح	و	ح	ل	ذ
ع	خ	ض	ا	ر	ص	د	م	إ	م	ء	ا	ا	ي
ط	ج	ز	ض	م	ر	ح	ر	م	س	م	ك	ت	ك

خوف
سلام
غضب
راض
ميل
حنان
ملل
الهدوء
حزن

مرح
حب
متحمس
النعيم
اللطف
هدوء
محتوى
محرج
شاكر

11 - Ficção Científica

ح	ش	ا	ا	ل	ر	و	ب	و	ت	ا	ت	ض	ي
ا	ب	ذ	ل	ا	ل	ع	ا	ل	م	ي	ة	ل	و
ر	ق	ب	ؤ	ك	و	ك	ب	و	ف	ة	ك	و	ت
و	ا	ق	ع	ي	ت	ؤ	س	ك	ت	غ	ث	ه	و
ه	ي	ش	ي	ي	ئ	ب	ح	ج	ض	ئ	ض	م	ب
م	آ	د	ج	ف	د	آ	ؤ	ن	ن	آ	ع	ج	ي
ي	ؤ	ز	ي	ط	ؤ	ج	ة	ى	س	ر	ط	د	ا
م	ن	ث	ل	ث	ط	ج	ا	س	ت	ن	س	ا	خ
ض	و	ح	ي	ظ	ع	ك	ص	ح	ق	إ	ي	ن	ذ
ى	غ	غ	ج	ؤ	س	ب	ع	ى	ن	ن	ن	ف	ر
آ	ا	ض	ط	آ	و	ط	ض	ز	ي	ن	م	ج	ي
س	م	س	ت	ق	ب	ل	ي	ة	ة	ض	ا	ا	ى
س	ض	ز	ط	س	خ	ظ	م	ج	م	ت	ط	ر	ف
ؤ	م	ئ	ئ	ر	ا	ئ	ع	ذ	ض	ج	آ	ز	ج

ذري
سينما
استنساخ
بعيد
انفجار
متطرف
رائع
نار
مستقبلية
وهم

وهمي
الكتب
غامض
العالمية
وحي
كوكب
واقعي
الروبوتات
تقنية
يوتوبيا

12 - Mitologia

ة	آ	ئ	ل	غ	ص	ل	ص	ع	ك	د	إ	د	ل
ب	ض	ظ	ة	ج	م	ض	ص	م	ص	ص	و	ش	ط
ث	ق	ا	ف	ة	م	ا	ق	ى	و	س	ى	ا	ث
ظ	خ	ب	د	ل	ي	ئ	ض	ش	ف	ع	ب	ل	ز
ق	ل	ط	أ	ئ	ت	ص	ا	ج	ا	ث	ر	م	ث
ت	و	ل	ح	س	م	س	خ	ل	ق	م	ق	ع	ز
ر	د	ة	ش	ق	ط	ح	ك	س	ف	ت	و	ت	ة
ح	س	م	ن	ب	ض	و	ا	ى	آ	ا	ة	ق	ق
ا	ل	غ	ي	ر	ة	س	ر	ر	ت	ه	ر	د	ع
خ	و	ئ	و	ع	ظ	ح	ث	ة	ب	ة	ع	ا	ى
ج	ك	ن	ب	ح	ن	ر	ة	ز	ط	ب	د	ت	ث
ا	ن	ت	ق	ا	م	ي	م	خ	ل	و	ق	ل	م
ب	ؤ	س	ى	ن	ط	م	ج	ا	ك	غ	ض	د	ت
ط	و	غ	ز	ى	ب	ب	ث	خ	ق	ذ	ف	ا	ف

الغيرة
سلوك
المعتقدات
خلق
مخلوق
ثقافة
كارثة
قوة
محارب
بطلة

بطل
خلود
متاهة
أسطورة
سحري
مسخ
مميت
برق
رعد
انتقام

13 - Medições

ا	ك	ا	ع	م	ق	ك	ت	ل	ة	ك	س	آ	س
ر	ب	ص	ل	ب	ا	ي	ت	ع	ت	ح	ص	ط	ن
ت	ف	ك	ذ	ط	غ	ر	ا	م	ش	ر	ف	س	ت
ف	ص	ر	د	ب	و	ص	ة	ز	ز	ر	ك	ن	ي
ا	أ	و	ق	ي	ة	ل	ل	ط	ض	غ	ي	ب	م
ع	د	ق	ي	ق	ة	ع	ر	ض	ك	آ	ل	ؤ	ت
ي	س	ص	ؤ	ض	ش	ض	ت	آ	ي	ز	و	ف	ر
ؤ	ا	ؤ	ك	ث	ك	ظ	ص	س	ل	ب	م	ا	م
ب	ى	ئ	خ	ض	ظ	ا	ل	ص	و	ت	ت	و	ث
إ	ى	ذ	م	ث	ى	س	و	ئ	غ	ص	ر	ر	س
ت	خ	ص	ي	م	ؤ	ف	م	ت	ر	د	ر	ج	ة
ل	ؤ	خ	د	ي	ت	ف	ض	ث	ا	ط	و	ز	ن
ظ	ن	م	ف	ق	ر	ث	ف	ع	م	غ	ض	ش	م
غ	ا	م	ع	ط	ق	ك	ع	آ	ا	ة	ح	ش	ذ

ارتفاع
بايت
سنتيمتر
الطول
عشري
غرام
درجة
عرض
لتر
كتلة

متر
دقيقة
أوقية
وزن
بوصة
عمق
كيلوغرام
كيلومتر
طن
الصوت

14 - Plantas

ا	ض	س	ظ	غ	ع	ل	م	ا	ل	ن	ب	ا	ت
ل	و	خ	م	غ	ط	أ	ى	س	ب	ئ	ص	و	ى
ب	ع	ق	ف	ا	ص	و	ل	ي	ا	ن	ب	ت	ش
ت	س	ش	ؤ	ب	د	ر	ز	ى	ث	ز	ص	ف	ج
ل	ي	ش	ب	ة	ب	ا	م	ب	و	ص	ه	ى	ر
ة	ص	ب	ا	ر	ف	ق	ى	ق	ض	ل	ط	ر	ة
ع	ش	ب	ل	إ	ئ	ا	ع	ن	س	آ	ح	آ	ة
خ	ص	ض	ن	ؤ	آ	ل	ب	ل	ا	ب	ل	ل	خ
ق	س	ي	ب	ئ	ض	ش	ف	إ	ح	ت	ب	ع	ج
و	ا	ئ	ا	ت	غ	ج	ذ	ر	ح	د	ي	ق	ة
س	خ	ظ	ت	ت	ا	ر	ث	ث	س	و	ر	ق	ة
ك	ث	ل	ي	ؤ	ق	ع	د	ز	ج	ق	ي	ش	س
ا	م	ك	ة	ع	ر	ع	ة	ى	ل	ض	ض	م	ن
ئ	ح	ة	ا	خ	ا	ب	و	ج	م	ش	ى	ط	آ

النباتية
غابة
ورقة
أوراق الشجر
لبلاب
حديقة
طحلب
البتلة
جذر
نبت

بوش
شجرة
بيري
بامبو
علم النبات
صبار
عشب
فاصوليا
سماد
زهرة

15 - Veículos

إ	ن	ا	ب	ع	ق	خ	و	ر	ا	ص	ش	غ	آ
آ	م	ل	ئ	ت	ح	إ	س	ل	ت	ل	ا	و	ل
ة	ر	ع	ن	ي	ؤ	ك	م	م	آ	م	ح	ا	ض
ح	م	ب	ط	ط	و	ك	ة	ك	ي	ث	ن	ص	ق
ا	ت	ا	ب	ت	و	م	ج	إ	ط	آ	ة	ة	ا
ف	ر	ر	ر	ك	ك	ر	ح	م	غ	ذ	ح	ل	ف
ل	و	ة	ر	ت	ب	و	ك	ي	ل	ه	إ	ج	ل
ة	د	ط	ض	ز	آ	ة	ر	ئ	ا	ط	س	ق	ة
ث	ج	ف	ا	ع	س	إ	ة	ر	ا	ي	س	ئ	ك
ة	ر	ا	ي	س	ة	ج	ا	ر	د	ب	ر	ا	ق
ج	ا	ر	ث	ذ	إ	ش	ا	آ	ف	د	ط	د	ذ
ى	ر	ي	س	ك	ا	ت	ن	م	ط	م	آ	ن	ي
ن	ج	ئ	ئ	ت	ا	غ	ر	س	و	ز	ص	س	ر
ح	ض	ن	ص	ع	ف	ق	د	ن	ف	س	ح	ف	ظ

سيارة إسعاف
طائرة
العبارة
قارب
دراجة
شاحنة
قافلة
سيارة
صاروخ
هليكوبتر

طوف
سكوتر
مترو
محرك
حافلة
الإطارات
غواصة
تاكسي
المكوك
جرار

16 - Restaurante # 2

و	ق	ش	ر	ق	ؤ	ى	ئ	م	ا	ث	ل	م	ع
ط	ض	ظ	و	ث	ت	آ	و	ل	ل	ذ	ي	ذ	س
ر	ط	س	م	ك	ي	ك	ؤ	ح	م	ع	ش	ي	ح
ذ	س	ل	ط	ة	ة	س	ب	م	ع	ت	ق	ح	ا
ش	ر	ئ	ط	خ	ع	ح	ي	ش	ك	ص	ح	ة	ز
ك	ر	س	ي	ث	ش	د	ض	ر	ر	ب	ع	ا	ح
ت	و	ا	ب	ل	غ	ت	د	و	و	ؤ	ر	ف	ز
ز	ف	ا	ك	ه	ة	ث	ح	ب	ن	ي	ش	ش	س
ة	د	م	خ	ض	ر	و	ا	ت	ة	ع	ش	ا	ء
ح	س	ا	ء	خ	ي	ر	ج	ل	ي	د	م	ا	ء
ئ	ئ	ز	ذ	س	ل	ز	ك	ا	ن	ح	د	ة	غ
ف	ق	ث	ن	ض	ف	و	ا	س	ث	ا	ح	م	د
ت	ق	ل	ئ	م	ع	ز	ق	ر	ج	ة	د	آ	ا
ظ	غ	ف	ا	ش	ج	ي	د	ظ	ع	ذ	ة	ل	ء

غداء
ماء
مشروب
كيك
كرسي
ملعقة
لذيذ
توابل
فاكهة
النادل

شوكة
جليد
عشاء
خضروات
المعكرونة
بيض
سمك
ملح
سلطة
حساء

17 - Países #2

ح	ف	ا	ل	ص	و	م	ا	ل	أ	إ	ب	ا	ت
ل	س	أ	ل	ب	ا	ن	ي	ا	ي	ن	ج	ل	إ
ل	ب	ن	ز	ي	ش	ك	آ	و	ر	د	ح	ي	آ
إ	ش	ن	ز	ص	ا	ز	ق	س	ل	و	ج	و	س
ي	ف	ش	ا	ع	ج	ب	ب	ش	ن	ن	ا	ن	آ
ن	أ	و	غ	ن	د	ا		ج	د	ي	م	ا	أ
ي	ي	ى	ب	ل	ؤ	ف	ص	ن	ا	س	ا	ن	و
ج	ا	ب	ه	ؤ	ث	ى	ث	ج	ل	ي	ي	ر	ك
ي	ش	غ	ا	ل	م	ك	س	ي	ك	ا	ك	و	ر
ر	ا	ج	ي	ل	س	و	ص	ل	ت	آ	ا	س	ا
ي	ت	ث	ت	ا	ب	ك	س	ت	ا	ن	ط	ي	ن
ا	ل	ا	ي	إ	س	و	ر	ي	ا	ن	ل	ا	ي
ف	ا	ل	د	ن	م	ا	ر	ك	ف	ر	ن	س	ا
ش	ك	ا	إ	و	ع	غ	د	ى	د	ة	ز	ع	ؤ

ألبانيا
الدنمارك
فرنسا
اليونان
هايتي
إندونيسيا
أيرلندا
جامايكا
اليابان
لاوس

لبنان
المكسيك
نيبال
نيجيريا
باكستان
روسيا
سوريا
الصومال
أوكرانيا
أوغندا

18 - Cozinha

ؤ	إ	ز	ب	ى	د	ت	ث	ى	ؤ	ج	ي	ث	ا
ش	س	ع	م	و	إ	و	ل	ى	ة	ي	ا	ل	غ
ي	ف	ص	غ	ب	ث	ا	ا	ض	ة	آ	ش	ب	ث
إ	ن	ع	ر	ؤ	و	ب	ج	س	أ	و	ي	ن	ؤ
غ	ج	ي	ف	ع	ص	ل	ة	ف	ك	ة	ر	ج	ة
إ	ق	د	ة	م	ف	ا	ض	ر	و	ج	ا	ف	ن
م	ك	ا	ة	ت	ة	غ	ظ	ن	ا	ب	ل	ل	ل
غ	س	ن	ة	ج	ر	ة	ث	و	ب	ب	و	ف	ق
س	ى	ل	د	ر	ى	ت	ج	آ	ش	د	م	ج	م
ن	ي	ك	ا	ك	س	ب	ط	س	ع	غ	ئ	ن	ئ
و	ض	ش	ل	ق	ع	ا	ل	م	ل	ا	د	ظ	ز
ع	ر	س	ط	ز	ة	ق	ش	ز	م	ي	غ	ف	ر
ا	ذ	ظ	ر	ة	ي	ا	و	ش	ل	ف	ة	ص	ة
ء	م	ا	ع	ط	ل	ا	ل	و	ا	ن	ت	ل	ج

مجمد
الشوك
ثلاجة
شواية
منديل
جرة
إبريق
عيدان
وصفة
وعاء

مئزر
غلاية
الملاعق
لتناول الطعام
مغرفة
أكواب
توابل
إسفنج
سكاكين
فرن

19 - Brinquedos

ث	ة	ر	ا	ي	س	غ	د	ن	ش	خ	ز	ل	ق
س	ص	ظ	ل	ض	ف	م	ز	ا	ن	ي	ط	أ	ا
ش	ش	م	ح	د	ض	ت	ح	د	ا	ا	ا	ل	ر
ط	ك	ذ	ر	ز	ل	ن	ي	ل	ل	ل	ئ	ع	ب
ر	ر	ص	ف	ك	ة	ظ	ك	د	ط	ت	ر	ا	ة
ن	و	ج	ر	خ	ذ	ت	ئ	ي	ب	ي	ة	ب	ز
ج	ب	ة	ص	ل	ب	و	خ	ي	و	ز	و	د	د
ن	و	ة	ج	ا	ر	د	ف	ق	ل	ف	ر	م	ع
غ	ت	ع	ص	ا	ل	ك	ش	ئ	ح	س	ق	ي	خ
ص	ل	ج	غ	ج	ا	ب	ز	ع	ع	ط	ي	ة	ت
ع	ض	ن	ت	ا	ن	ا	ه	د	ل	ا	ة	ي	ق
م	ت	د	إ		ج	ص	ث	م	م	ئ	م	ؤ	ن
ج	ب	س	ض	ا	ا	ة	ا	ب	ظ	ر	ف	ط	د
ص	ح	ي	ز	ف	ى	ي	ج	خ	ط	ة	ئ	ج	ب

طين
الحرف
طائرة
قارب
الطبول
دراجة
كرة
دمية
شاحنة

سيارة
مفضل
خيال
ألعاب
الكتب
طائرة ورقية
روبوت
الدهانات
شطرنج

20 - Verão

ا	ص	ح	ا	ب	ح	ر	ت	خ	ي	ي	م	ر	ح
ل	ل	ا	ل	ك	ت	ب	ب	ق	ب	ق	ى	ج	د
ت	ح	غ	ئ	ى	ة	ئ	ن	س	و	ن	م	ا	ي
ر	و	ر	و	ب	ص	ن	ا	د	ل	ك	غ	ف	ق
ف	ج	أ	ن	ص	ذ	ث	س	ك	ط	ت	خ	ا	ة
ي	ؤ	س	ل	ي	ت	ق	ت	م	ة	ؤ	م	ل	م
ه	ر	ر	ص	ع	ذ	ؤ	ر	ك	و	ن	غ	س	ئ
ط	ي	ة	ر	آ	ا	ا	خ	ا	غ	س	ؤ	ف	إ
ا	ل	ن	ج	و	م	ب	ا	ت	ض	ق	ي	ر	ي
ظ	ث	ة	ض	ص	آ	ؤ	ء	ر	م	ق	ق	ق	ض
ص	ن	خ	ئ	ض	ئ	غ	ل	ن	ج	ح	ج	ي	ى
ط	ئ	س	ح	س	د	إ	ث	ن	س	ة	خ	آ	ط
ش	ا	ط	ئ	ا	ض	ر	ظ	ذ	ى	ا	ة	ا	ك
ش	ا	ر	ي	ا	ي	ي	س	ظ	غ	ل	ي	ف	ن

تخييم
مرح
اصحاب
النجوم
أسرة
حديقة
ألعاب
الترفيه

الكتب
بحر
الغوص
موسيقى
شاطئ
استرخاء
صنادل
السفر

21 - Material de Arte

ك	و	د	ف	ح	م	ث	أ	إ	ب	د	ا	ع	ا
و	ا	ر	ر	ر	ب	ط	ق	ت	ل	ئ	ل	ض	ل
ى	ج	م	ق	ر	ر	ر	ل	خ	خ	ي	ب	ب	د
أ	ك	ر	ي	ل	ي	ك	ا	م	ا	ء	ا	ق	ه
ج	ئ	ق	ب	ر	غ	ا	م	م	س	إ	س	ض	ا
ظ	خ	ث	و	ب	ا	ل	ا	ح	ك	إ	ت	ى	ن
ا	ل	ح	ا	م	ل	أ	ل	ا	ؤ	آ	ي	آ	ا
ف	ر	ش	ع	ت	آ	ل	ر	ة	ؤ	ا	ل	ف	ت
ط	خ	ئ	ر	و	ك	و	ص	م	غ	آ	د	ك	ي
ق	ا	م	آ	ظ	د	ا	ا	ز	ز	خ	ط	ن	ك
إ	م	ر	ي	ص	ر	ن	ص	ر	م	ز	ا	ف	ر
أ	ل	و	ا	ن	م	ا	ئ	ي	ة	ن	و	ط	س
ز	ئ	آ	ل	ل	ب	ل	ي	د	م	ة	ل	ي	ي
ض	خ	ا	ح	ك	ظ	ع	ى	ا	ط	ظ	ة	ن	ج

أكريليك
ممحاة
ألوان مائية
طين
ماء
كرسي
فحم
الحامل
كاميرا
صمغ

الألوان
إبداع
فرش
أقلام الرصاص
طاولة
نفط
ورق
الباستيل
حبر
الدهانات

22 - Números

ك	ع	ث	ت	ا	ث	ن	ا	ع	ش	ر	ف	ن	ب
ر	ا	ر	ل	س	ث	ل	ا	ث	ة	ع	ش	ر	غ
و	ر	ع	س	ا	ع	ش	ر	ة	ب	ج	ل	ز	ي
ر	ث	ث	ت	س	ث	ة	ي	إ	خ	ى	آ	ة	ث
ي	ع	م	ة	ى	ظ	ة	ف	ي	آ	م	س	ت	م
ط	ل	ا	ش	خ	م	س	ة	ع	ش	ر	س	ؤ	ا
س	و	ن	ظ	م	س	ب	ع	ة	ع	ش	ر	ة	ن
ت	ا	ي	ي	ح	و	ع	ش	ر	و	ن	ب	ط	ي
ة	ح	ة	إ	س	ش	ة	ن	ث	ك	ث	ؤ	آ	ة
ع	د	ع	و	ب	ب	أ	ر	ب	ع	ة	ع	ش	ر
ش	ع	ش	ل	ص	ف	ر	ر	ق	ا	ث	ن	ا	ن
ر	ش	ر	ث	ط	د	ب	ق	د	ق	ا	د	ب	ن
ي	ر	ر	د	ة	ل	ع	ض	ز	ر	ض	ج	غ	س
آ	ي	ا	ئ	ر	خ	ة	ك	د	ك	ج	ج	ص	د

أربعة عشر
أربعة
خمسة عشر
ستة
سبعة
ثلاثة عشر
ثلاثة
واحد
عشرون
صفر

خمسة
عشري
عشرة
ستة عشر
سبعة عشر
ثمانية عشر
اثنان
اثنا عشر
تسعة
ثمانية

23 - Especiarias

ف	ف	ط	ر	ن	ك	ه	ة	س	ز	ق	ر	ف	ة
ا	ل	ش	م	ر	ة	ا	ا	غ	ن	ا	ع	ز	ك
ن	ف	ن	ل	ر	ي	ن	ر	ب	ج	ل	ر	ع	م
ي	ل	ز	ح	ح	خ	ز	إ	ي	ب	ي	ق	ف	و
ل	ل	ن	ج	ل	ج	ر	ج	س	ي	ا	ا	ر	ن
ا	ط	ط	ك	و	ك	ك	ز	ن	ل	ن	ل	ا	ى
ؤ	ض	م	ف	ج	ز	ظ	ح	ث	ش	س	س	ن	د
ن	ك	ق	ي	ض	ب	ة	ب	ر	ة	و	و	ئ	آ
ب	ص	ل	س	ف	ر	ج	ا	ف	ح	ن	س	ع	ئ
ب	ؤ	ظ	ح	ع	ة	ض	ل	ل	م	ا	غ	ي	ح
ؤ	ل	ع	ز	ص	ض	ث	ه	ى	ط	خ	آ	س	ة
ح	ا	م	ض	ئ	ث	س	ا	ؤ	ب	ي	ئ	ئ	ف
ك	ك	و	ع	ت	و	ا	ل	إ	ج	ظ	ب	خ	ف
ح	ك	و	ن	ؤ	م	ق	ق	م	ث	ث	ص	ح	ر

زعفران
عرق السوس
ثوم
مر
اليانسون
حامض
فانيلا
قرفة
حب الهال
كاري

بصل
كزبرة
كمون
حلو
الشمرة
زنجبيل
جوزة الطيب
فلفل
نكهة
ملح

24 - Aniversário

خ	ع	ة	ك	ة	ي	د	ه	ش	إ	ح	د	ح	إ
ا	ت	ا	و	ع	د	ل	ا	ص	ك	ي	ك	ح	ث
ح	ؤ	س	ذ	ر	ك	ب	ت	م	ي	ب	ل	خ	ر
ت	ت	ا	ق	ا	ط	ب	ة	ر	ك	س	ي	ا	ر
ف	ف	ي	و	د	ي	ع	س	ح	ل	خ	ت	ر	ر
ا	ف	و	ن	ج	خ	آ	ط	ع	ا	ر	ئ	غ	و
ل	و	م	ف	ر	ى	إ	ل	ص	ص	ن	ط	ث	ر
ذ	خ	ط	ل	ث	ط	ع	ق	م	ل	ع	ت	ي	ل
ن	م	ي	و	ق	ت	آ	ص	ج	ؤ	إ	ظ	ن	غ
ز	ى	ك	أ	س	ش	م	ع	ش	ت	ق	و	ل	ا
ز	ل	ي	غ	ا	إ	س	ط	ع	و	م	ش	ل	ا
ث	ذ	ة	ن	س	ج	ز	ي	ف	د	ل	و	ى	ى
ف	ل	إ	ي	س	ز	ل	آ	ى	ب	ا	ح	ص	ا
ة	م	ب	ة	ط	ش	ظ	ة	ش	ث	آ	إ	ح	ن

مرح
اصحاب
سنة
ليتعلم
كيك
تقويم
أغنية
بطاقات
احتفال
الدعوات

يوم
هدية
خاص
سعيد
شاب
ولد
حكمة
الوقت
الشموع

25 - Casa

س	آ	أ	ع	ص	س	ت	ث	ذ	ت	ؤ	ل	ؤ	إ
ت	ي	ث	ك	ن	ا	ف	ذ	ة	ش	س	آ	ح	ي
ا	س	ا	ر	ب	ر	ص	ص	ل	ت	ش	ظ	ق	ق
ئ	ج	ث	ج	و	م	ط	ب	خ	ط	ي	د	إ	ى
ر	ا	ص	خ	ر	ض	م	ف	ا	ت	ي	ح	ى	آ
م	د	خ	ن	ة	ح	ر	م	د	ف	أ	ة	ق	د
ز	ة	ث	م	آ	ا	آ	خ	ك	ط	ك	ر	ا	ج
م	ك	ن	س	ة	ئ	ة	ن	ك	ت	ن	ع	ص	ص
ش	ح	خ	ظ	ن	ط	غ	ر	ف	ة	ب	و	ص	د
م	د	ص	ر	ن	ب	ث	ض	آ	ا	ظ	ة	ة	آ
ر	ي	ش	ذ	إ	ط	ة	ي	ح	ع	ل	ب	ه	آ
آ	ق	ظ	ض	ق	ع	ذ	ن	ض	ؤ	ع	ا	ت	م
ع	ة	س	ي	ن	ظ	ؤ	و	ط	ل	ت	ب	إ	و
ر	ب	ا	غ	ت	ا	ف	ث	ف	د	ك	ح	ب	آ

حديقة
مدفأة
أثاث
حائط
باب
غرفة
علبه
سجادة
صنبور
مكنسة

مكتبة
سياج
مدخنة
مفاتيح
دش
ستائر
مطبخ
مرآة
كراج
نافذة

26 - Vegetais

ب	ب	س	ل	ى	م	و	ث	ي	ل	ك	و	ر	ب
خ	ا	ب	آ	ى	ل	ؤ	ز	ن	ة	م	خ	ق	ب
ر	ز	ا	ص	ج	ف	ن	س	ف	ر	ك	د	ذ	م
ة	ل	ن	غ	ب	ج	س	د	ئ	ف	و	ش	ر	خ
ب	ا	خ	خ	ب	ل	ل	ط	ك	ن	ى	ظ	ل	ص
ا	ء	ا	ي	ص	س	ط	م	س	ق	ش	ت	ف	ل
ذ	ز	ل	ا	ل	ظ	ة	ا	ث	ا	ر	ك	ل	ا
ن	ة	ب	ر	ش	ى	ط	ط	ة	ز	ة	م	ي	ط
ج	ث	ط	ط	م	ك	ع	م	ل	ذ	ث	ؤ	ط	ط
ا	ط	ا	ؤ	ق	ى	ط	م	ف	ف	ت	ج	ل	ك
ن	ي	ط	ق	ي	د	ة	ئ	خ	ط	ع	ن	ا	ج
ذ	ف	س	ظ	س	م	م	ش	ج	س	ل	ك	ش	ع
ن	ف	ي	ش	ظ	ض	ح	ز	ى	د	ك	ظ	ع	ق
ز	ى	ر	د	س	ح	ر	ط	ف	ص	ئ	ئ	ئ	ط

يقطين
كرفس
خرشوف
ثوم
البطاطس
باذنجان
بروكلي
بصل
جزر
الكراث

فطر
بازلاء
سبانخ
زنجبيل
لفت
خيار
فجل
سلطة
بقدونس
طماطم

27 - Exploração

ب	إ	ق	ط	ا	ا	ا	ل	ت	ض	ا	ر	ي	س
ي	ن	ز	خ	ك	ل	ل	ي	ت	ع	ل	م	ظ	ب
ي	ي	ك	ئ	ت	ج	م	غ	ع	ز	ل	ك	ز	ن
ح	ص	ص	ئ	ش	د	خ	ز	ة	ن	ش	ا	ط	ة
د	س	إ	ح	ا	ي	ا	ش	ن	ز	ع	ز	م	آ
ن	ل	ض	ؤ	ف	د	ط	ل	ج	ف	ض	غ	ؤ	ط
ك	د	ل	ي	ض	س	ر	د	إ	ا	ت	م	ص	د
آ	ش	ض	ق	ا	ش	ت	س	و	ث	ع	ض	ع	ع
ذ	م	ك	ع	ء	ا	ل	س	ف	ر	ا	ة	م	ي
ا	ل	ث	ق	ا	ف	ا	ت	م	ض	ئ	ر	ق	و
ج	خ	س	ظ	ط	ز	م	ب	ع	ي	د	ذ	ة	د
م	ش	د	ق	آ	ط	ة	ر	ز	ئ	ل	ي	ث	م
ع	ئ	ز	ؤ	ة	ف	غ	ي	ر	م	ع	ر	و	ف
ا	ل	ح	ي	و	ا	ن	ا	ت	ف	إ	ر	ج	ش

الحيوانات
ليتعلم
نشاط
شجاعة
الثقافات
اكتشاف
غير معروف
عزم
بعيد

فضاء
نزف
الإثارة
لغة
الجديد
المخاطر
بري
التضاريس
السفر

28 - Balé

ذ	س	ف	غ	ص	إ	ص	ض	ف	ل	ل	ش	ض	ا
غ	ؤ	ل	ي	ة	إ	ئ	خ	ب	ز	س	ذ	ي	ل
ذ	خ	ش	ئ	ط	م	ن	س	ب	ج	ؤ	ل	م	ك
ج	ئ	د	إ	ن	ظ	ب	خ	و	ئ	م	د	س	و
ط	ذ	ة	ت	ف	ل	ا	س	ظ	ث	ث	غ	ة	ر
و	ب	س	ن	ن	ض	ل	ة	ر	ا	ه	م	م	ي
ط	أ	ي	ة	ف	و	ر	ب	ج	ت	ل	ن	ت	غ
ر	و	ه	م	ج	ل	ا	ة	ذ	ح	ذ	ف	ت	ر
ك	ر	ت	و	ث	ش	ق	ن	ن	ف	ص	ر	ق	ا
ا	ك	ص	س	ر	خ	ص	ئ	ح	ب	م	د	ن	ف
و	س	ف	ي	ة	ت	ا	ل	ض	ع	ى	ا	ي	ي
ك	ت	ي	ق	ش	آ	ت	ن	ب	غ	ض	ى	ة	ا
خ	ر	ق	ى	ظ	خ	د	ر	ن	ن	خ	ئ	د	ة
ش	ا	ؤ	ث	ر	خ	ة	ا	آ	ع	ا	ق	ي	إ

مهارة
شدة
عضلات
موسيقى
أوركسترا
الجمهور
إيقاع
منفردا
تقنية

تصفيق
فني
ملحن
الكوريغرافيا
الراقصات
بروفة
نمط
معبرة
لفتة

29 - Conservação

ؤ	ر	د	م	ى	ط	إ	م	ق	م	ظ	ث	ض	ا
ق	ن	ز	و	إ	ف	ؤ	ط	ل	و	ط	ذ	ش	ل
ن	ؤ	إ	ش	ر	ث	ة	م	ا	ء	ب	ل	ر	ن
ع	ب	ص	ؤ	د	ة	ط	س	ل	ص	ي	ص	ج	ظ
ص	ض	أ	ك	ع	ي	ة	ت	ص	ث	ع	ا	ش	ا
ؤ	ر	و	خ	ف	ض	و	د	ح	ظ	ي	ب	ع	م
ب	ك	ش	ي	ض	ح	ت	ا	ة	م	خ	خ	ظ	ا
ق	ؤ	ظ	س	ز	ر	ع	م	ق	ب	ع	خ	س	ل
ث	ط	غ	ؤ	ط	ع	ل	ق	ا	خ	ج	ظ	م	ب
ا	ل	م	و	ئ	ل	ي	ا	ل	ب	ي	ئ	ة	ي
د	آ	ن	ص	ذ	ن	م	ض	ت	ف	ص	ئ	ي	ئ
ف	ك	ا	م	ب	ي	د	ا	ل	آ	ف	ا	ت	ي
ك	ت	خ	م	ت	ط	و	ع	و	ئ	ف	ط	ب	و
ص	ز	م	ت	ا	س	ظ	ذ	ث	ق	د	إ	ش	ص

البيئة
ماء
دورة
مناخ
النظام البيئي
تعليم
الموئل
طبيعي

عضوي
مبيد الآفات
التلوث
خفض
الصحة
مستدام
أخضر
متطوع

30 - Adjetivos #1

د	ى	ث	آ	و	ؤ	ص	ك	ب	ي	ر	ع	ت	غ
ن	ذ	ب	ق	م	ش	ا	ط	م	ه	م	ؤ	إ	ر
ى	ع	ط	ر	ي	ي	د	ن	ك	ط	د	ط	ض	ي
ر	ق	ي	ق	س	ل	ق	ك	ا	ح	ل	د	ب	ب
ع	ز	ء	ض	س	ض	ذ	ر	م	ص	ا	ق	آ	ل
ل	ش	غ	ا	م	م	خ	ي	ل	ي	ج	د	ي	ة
ج	ذ	ا	ب	ط	ئ	ن	م	ح	ح	ث	ا	ح	آ
ي	س	م	خ	ن	ذ	ج	و	آ	د	ى	ك	ت	س
ر	ط	ض	ك	غ	و	و	ز	ل	ي	ت	ن	ا	ذ
م	ت	ط	ا	ب	ق	ة	د	ض	ث	ف	ن	ي	إ
آ	ؤ	ف	س	ذ	ي	ذ	ل	ت	ئ	م	ل	و	ى
ب	ص	ر	ف	ح	م	ل	إ	ع	ض	ت	و	إ	د
د	غ	ي	ئ	ع	ة	س	ح	ب	ي	ي	ق	خ	ي
م	ؤ	ح	ة	ض	م	ش	و	و	ظ	ئ	ذ	ق	خ

مطلق
عطري
فني
جذاب
ضخم
داكن
غريب
رقيق
كريم
كبير

صادق
متطابقة
مهم
بطيء
غامض
حديث
كامل
ثقيل
جدي
ذو قيمة

31 - Insetos

د	ب	و	ر	ح	ف	أ	ر	ض	ة	ل	إ	ث	آ
ق	ل	ر	ج	س	ر	خ	ت	ب	ج	ى	س	ف	خ
ا	ل	خ	ن	ف	س	ا	ء	خ	ن	ف	س	ا	ء
ف	ل	إ	د	غ	ا	ا	ف	ط	ر	إ	ع	ا	ق
خ	آ	ز	ب	ك	ل	ذ	ل	ؤ	ث	ى	آ	ل	ف
ف	د	غ	ي	ف	ن	ق	ت	ي	ر	ق	ة	م	ث
ز	ب	ص	ق	ز	ب	ن	ر	ز	ع	ظ	ذ	ن	ي
ؤ	ض	ا	ح	ا	ي	م	م	إ	ى	س	ف	ع	ز
ر	ض	ل	ص	ئ	ر	ف	ة	ل	ذ	ج	و	م	ع
ث	س	ب	ر	غ	و	ث	ى	ك	ة	ع	ص	ب	ث
ض	ؤ	ع	ص	ف	ر	ا	ش	ة	ن	ح	ل	ة	ة
س	ت	و	و	ن	ظ	ش	ذ	ع	ى	آ	ة	ض	ش
ح	د	ض	ر	ق	ج	خ	ذ	ى	ك	م	ت	ؤ	ة
ع	و	إ	ج	ث	ح	ؤ	ة	د	و	د	ة	ر	ت

نحلة
صرصور
خنفساء
فراشة
الزيز
أرضة
نملة
جندب
الخنفساء

يرقة
اليعسوب
فرس النبي
عثة
دودة
البعوض
برغوث
المن
دبور

32 - Paisagens

ض	إ	ن	ث	ى	ق	ص	ص	م	ك	ش	ر	ط	د
ي	خ	ح	ب	إ	ش	د	ز	ث	ر	ه	ل	و	ظ
د	ن	ه	ر	ج	ب	ل	ج	ل	ي	د	ف	ا	ب
ط	ى	ع	ك	ز	ص	ح	غ	ج	ت	ة	ت	د	ل
ع	د	ا	ا	ي	م	و	ي	ة	ل	خ	خ	ي	ؤ
م	ي	ي	ن	ر	ح	ز	ش	ر	ح	خ	ح	إ	ي
ش	ا	ط	ئ	ة	ي	ج	ب	ل	ة	س	ش	ى	ت
ي	ئ	س	ر	ك	ط	ض	ه	إ	ز	ب	ح	ر	ن
م	س	ت	ن	ق	ع	ث	ج	ش	ز	ع	ئ	ؤ	د
ل	ث	و	ر	ع	ن	ي	ز	ط	ث	ص	ز	ا	ر
ا	ل	خ	ل	ي	ج	ت	ي	و	ا	ح	ة	ك	ا
ف	ز	خ	ذ	ش	ر	ج	ر	ص	ر	ر	ش	ط	ع
ذ	م	ظ	آ	خ	آ	و	ة	ك	ا	ك	ض	ك	ف
ؤ	آ	ش	ؤ	ا	إ	ز	ل	ق	ل	ء	و	ن	و

شلال
كهف
تل
صحراء
مثلجة
الخليج
جبل جليد
جزيرة
بحيرة
بحر

جبل
واحة
محيط
مستنقع
شبه جزيرة
شاطئ
نهر
تندرا
وادي
بركان

33 - Dança

ح	ر	ك	ة	ب	و	آ	خ	ا	ع	ظ	ف	ن	ن
ا	ج	ث	ة	ص	ذ	ا	إ	ئ	ل	ف	ض	ع	ئ
ل	ب	ق	د	ر	ر	ب	ى	ت	ك	م	ص	م	ع
ك	ة	ا	خ	ي	غ	ط	ض	ح	ط	ر	و	ة	ا
و	ق	ف	ى	ل	إ	ت	غ	ا	إ	ح	ي	ق	ط
ر	ؤ	ة	ب	ر	و	ف	ة	ب	غ	ز	ت	ل	ف
ي	ا	ل	أ	ك	ا	د	ي	م	ي	ة	ف	م	ة
غ	ى	ق	ف	ز	ض	ي	ئ	ز	ة	ك	خ	ت	ع
ر	ش	ذ	د	ص	ش	م	ع	ب	ر	ة	ن	و	غ
ا	و	آ	ق	ر	ج	ر	و	ا	س	ع	خ	ؤ	ث
ف	ك	ل	ا	س	ي	ك	ي	س	ر	ص	ز	ل	ق
ي	ت	ق	ل	ي	د	ي	ف	ك	ي	ظ	د	ط	ا
ا	ن	خ	ر	ت	ح	ذ	ئ	إ	ي	ق	ا	ع	ف
ى	ط	ش	ت	ئ	ر	ع	ن	ب	د	ر	ى	ض	ي

الأكاديمية
مرح
فن
كلاسيكي
الكوريغرافيا
جثة
ثقافة
ثقافي
عاطفة
بروفة

معبرة
نعمة
حركة
موسيقى
شريك
الموقف
إيقاع
قفز
تقليدي
بصري

34 - Nutrição

ذ	ا	ل	ص	ح	ة	ة	ئ	ص	ا	ش	ؤ	ت	ص
ذ	ص	ل	ص	ة	ب	ع	ل	ا	ل	ز	د	خ	ح
ا	ئ	ر	م	ص	ذ	ش	ح	ل	ب	ص	ة	م	ي
ج	و	د	ة	غ	ك	ل	م	ح	ر	ش	ه	ي	ة
ص	غ	ص	ي	ؤ	ذ	د	ي	ل	و	ر	ض	ر	ك
م	ك	و	ن	ا	ت	ي	ة	ل	ت	ع	م	ة	ف
ك	ت	ا	س	ث	ش	ث	ن	أ	ي	د	ذ	آ	ي
د	ش	خ	ث	ش	ث	ك	ع	ك	ن	ك	ش	و	ت
ظ	إ	ر	ح	إ	ل	س	ض	ل	ا	ن	ل	ز	ا
ي	ش	ئ	و	إ		م	و	ض	ت	ب	ج	ن	م
ا	ل	ك	ر	ب	و	ه	ي	د	ر	ا	ت	ي	ي
ق	ت	ئ	ر	آ	ة	ز	ح	ئ	ة	ث	ى	ش	ن
ع	ة	م	م	ر	ج	ت	ظ	ن	ك	ه	ة	ئ	ى
م	ت	و	ا	ز	ن	س	و	ا	ئ	ل	ن	خ	ع

صلصة
المغذي
وزن
البروتينات
جودة
نكهة
صحي
الصحة
سم
فيتامين

مر
شهية
الكربوهيدرات
صالح للأكل
حمية
هضم
متوازن
تخمير
مكونات
سوائل

35 - Disciplinas Científicas

ل	ع	ع	ل	م	ا	ل	أ	ع	ص	ا	ب	ص	ع
س	ل	ل	ل	ض	ت	ك	ج	ت	ش	ر	ي	ح	ط
ا	م	م	ؤ	ف	ي	ز	ي	و	ل	و	ج	ي	ا
ن	ا	ا	ي	ى	ر	س	و	ص	خ	ز	غ	ة	ع
ي	ل	ل	ع	ل	م	ا	ل	ن	ف	س	م	آ	ل
ا	ا	آ	ع	ث	ب	ي	و	ل	و	ج	ي	ا	م
ت	ج	ث	ب	ل	ل	ؤ	ج	ك	ت	ب	ك	ى	ا
غ	ت	ا	ا	ط	م	إ	ي	د	ي	م	ا	ة	ل
ذ	م	ر	ب	ط	ن	ا	ا	و	ب	م	ن	ط	ف
ي	ا	آ	إ	ك	و	ة	ل	ذ	ي	ف	ي	ى	ل
ة	ع	ض	غ	ظ	ا	ظ	و	ح	ذ	خ	ك	ا	ك
ع	ل	م	ا	ل	ن	ب	ا	ت	ر	ش	ا	ة	ء
ع	ل	م	ا	ل	م	ن	ا	ع	ة	ك	ق	ئ	ض
ع	ل	م	ا	ل	م	ع	ا	د	ن	ش	ة	ق	خ

تشريح
علم الأثار
علم الفلك
بيولوجيا
علم النبات
علم الحركة
فيزيولوجيا
جيولوجيا
علم المناعة

لسانيات
ميكانيكا
علم المعادن
علم الأعصاب
تغذية
علم النفس
كيمياء
علم الاجتماع

36 - Meditação

ا	ل	م	ر	ا	ق	ب	ة	ش	و	ل	ت	ل	ع
ل	و	د	ا	ل	ل	ط	ف	ا	ك	ض	ي	ض	ق
ع	ا	ذ	ج	م	ل	ق	ب	و	ل	ر	و	د	ل
و	ن	ل	ز	ن	ؤ	خ	ش	ع	ع	ة	ش	ح	ي
ا	ت	ؤ	م	ظ	ب	ة	م	و	س	ي	ق	ى	ش
ط	ب	ؤ	ر	و	ط	ئ	س	ص	ل	ض	آ	ق	ى
ف	ا	ح	م	ر	ق	أ	ت	ا	ا	ح	غ	ف	ع
ى	ه	غ	ب	ص	ف	ف	ي	ل	م	ا	ا	ط	ص
م	ش	ا	م	ع	ق	ك	ق	ص	ح	ج	س	ف	ث
ت	ع	ا	ل	ي	م	ا	ظ	م	ط	ى	ع	د	ص
ظ	ق	ذ	ظ	د	إ	ر	ب	ت	ث	ر	ط	ف	ى
و	ل	ر	م	خ	ح	ى	ج	ز	و	ك	ف	ر	ذ
ح	ر	ك	ة	ط	ب	ي	ع	ة	ج	ض	ع	ى	س
ث	ق	ص	ص	ى	م	ت	ك	ك	ي	ة	خ	ض	ق

قبول
مستيقظ
انتباه
اللطف
وضوح
عطف
العواطف
تعاليم
شكر
عقلي

عقل
حركة
موسيقى
طبيعة
المراقبة
سلام
أفكار
المنظور
الموقف
الصمت

37 - Gatos

ش	إ	ص	ة	ز	آ	ر	غ	ز	ل	ر	م	ع	آ
ش	خ	ا	س	ظ	ا	س	ف	ب	ع	ع	ى	ز	إ
ى	ب	ص	آ	ث	ق	م	ق	ح	و	آ	ز	و	ك
ؤ	ص	ى	ي	ف	ع	ؤ	ض	ق	ب	م	ض	ح	ك
ئ	ز	ي	ض	ة	ض	ض	ب	ئ	ث	ج	ب	ت	ي
ج	ر	ذ	ا	آ	ل	و	ف	أ	ر	ن	ى	د	ش
ل	ط	ى	خ	د	ؤ	ي	ل	ن	ذ	و	ق	آ	ط
ط	إ	د	ج	خ	م	ى	ا	ي	ط	ن	ى	ي	ن
ؤ	ا	ي	و	ع	س	ج	م	م	خ	ل	ب	ؤ	س
ك	س	ذ	ق	ن	ذ	ب	د	و	ض	ث	ل	ظ	د
ش	ف	ر	و	و	ي	ز	م	و	ب	ئ	ل	إ	ر
ا	ط	ط	ي	م	ل	ا	ب	ع	ب	ص	ف	ج	ج
م	س	ت	ق	ل	ل	ب	ق	ى	ر	آ	ئ	و	ك
ق	ز	خ	ظ	خ	ج	و	ل	ط	ي	ل	ش	إ	ق

لعوب
صياد
ذيل
فضولي
نوم
مضحك
غزل
مستقل

مجنون
فأر
مخلب
فرو
شخصية
بري
خجول

38 - Artes Visuais

ا	ج	ه	ن	د	س	ة	م	ع	م	ا	ر	ي	ة
ل	ة	ف	ا	ص	و	ر	ة	ي	ث	ل	ظ	ي	س
ن	ن	ض	ل	ي	ث	ة	د	و	ؤ	ل	ة	ظ	ح
ح	ج	ث	ف	ل	ت	ر	ظ	ر	ت	و	ت	آ	ئ
ت	ا	آ	خ	ف	ح	ي	س	ن	س	ح	م	ط	ن
ج	ى	ى	ا	ل	ف	غ	ط	ي	ؤ	ة	ك	ي	و
م	س	ز	ر	ف	ة	ن	ض	ش	ز	د	ق	ن	ن
ا	ل	ش	م	ع	ض	ل	ا	ؤ	ل	ئ	ل	خ	ا
ا	ل	إ	ب	د	ا	ع	ض	ن	ت	ت	م	ع	ئ
ف	غ	ج	ح	ا	م	ل	ح	ق	ص	ا	ن	و	إ
ش	ي	ن	ط	ب	ا	ش	ي	ر	ئ	س	ظ	ض	ز
إ	ف	ل	و	ج	د	ي	غ	ؤ	خ	و	و	ي	ق
ج	ى	ح	م	ت	ك	و	ي	ن	ؤ	ظ	ر	ص	ع
آ	ز	ؤ	م	آ	ك	ت	ض	ث	ذ	ة	ك	آ	ث

طين
هندسة معمارية
فنان
قلم
فحم
حامل
الشمع
الفخار
تكوين
الإبداع
النحت
فيلم
طباشير
تحفة
منظور
اللوحة
صورة
ورنيش

39 - Instrumentos Musicais

ئ	غ	ئ	م	ب	ن	ج	ج	ذ	ؤ	ن	ه	ج	م
ي	ؤ	ط	ط	ب	ل	ش	ج	م	ز	م	ا	ر	ن
ل	ز	م	ت	ي	ث	ف	ن	ج	ع	ق	ر	ي	د
ئ	ن	ب	ي	ا	ن	و	ك	ا	إ	ي	م	ا	و
ك	م	ا	ن	د	ف	ص	غ	ي	ر	ث	و	ل	ل
ى	خ	س	ض	ا	ل	آ	ب	ي	و	ا	ن	ت	ي
ى	ش	و	ى	ا	ل	م	ز	م	ا	ر	ي	ر	ن
م	ذ	ن	آ	ع	ر	ب	ك	ا	خ	ة	ك	و	س
ن	ا	ك	ف	ن	ف	ظ	ا	ئ	ع	د	ا	م	ا
ا	ط	ر	د	آ	خ	د	ع	ن	إ	ؤ	ئ	ب	ك
ق	ر	ع	ي	ب	إ	ق	م	م	ج	ظ	ر	و	س
و	ح	ي	م	م	ر	م	ز	إ	ي	و	د	ن	ف
س	ب	س	ؤ	إ	ب	و	ق	غ	ف	ط	ذ	س	و
د	ئ	ج	ؤ	ب	ص	ا	ل	ت	ش	ي	ل	و	ن

مندولين
البانجو
مزمار
باسون
ناي
هارمونيكا
ناقوس
جنك
ماريمبا
المزمار

دف صغير
قرع
بيانو
ساكسفون
طبل
الترومبون
بوق
قيثارة
كمان
التشيلو

40 - Escola #1

ض	غ	ا	ل	ا	م	ت	ح	ا	ن	ا	ت	ا	ل
ع	ك	غ	ا	آ	ص	ع	ى	ل	ب	ل	س	ص	ب
م	ي	ز	د	ط	ق	ل	إ	أ	ل	م	ص	ح	ض
ك	و	س	ى	ا	خ	ا	و	ب	ط	ج	ع	ا	ق
ت	ر	ط	ث	ل	ء	م	ي	ج	إ	ل	ة	ب	ل
ب	ق	س	خ	أ	ز	ا	ظ	د	خ	د	م	ض	م
ة	س	ط	ي	ر	ك	ت	ف	ي	ث	ا	ك	ق	م
م	د	ر	س	ق	ئ	ي	ئ	ة	ا	ت	ت	ع	ض
ج	ن	ئ	ظ	ا	ة	ى	ض	ك	غ	ص	ب	آ	آ
أ	ق	ل	ا	م	ا	ل	ر	ي	ا	ض	ي	ا	ت
ت	ز	غ	ش	ى	ح	ل	ي	ت	ع	ل	م	ل	ل
ا	م	ز	ظ	ؤ	ؤ	خ	ك	ش	ط	ذ	ق	ص	ح
ا	ل	أ	ج	و	ب	ة	س	ت	ك	ى	د	ظ	ض
ز	و	ظ	ل	ح	ث	غ	ع	ل	ب	ج	خ	خ	ذ

الأبجدية
غداء
اصحاب
ليتعلم
مكتبة
كرسي
أقلام
الامتحانات
قلم
الكتب

علامات
الرياضيات
مكتب
الأرقام
ورق
المجلدات
مدرس
لغز
الأجوبة

41 - Adjetivos #2

د	ث	خ	م	د	إ	إ	ن	آ	ل	ذ	ج	آ	ا
ص	ة	ق	ل	ا	ر	ج	ا	و	ئ	ز	ج	ش	ل
م	ح	و	ا	ا	ل	ئ	ث	ص	ر	خ	ن	م	ج
س	م	ي	ك	ك	ق	ح	ك	ف	و	ظ	ط	ض	د
ط	و	ج	ب	ط	ب	ي	ع	ي	ن	س	ب	د	ي
ا	ه	ف	م	م	س	ؤ	و	ل	أ	ص	ل	ي	د
إ	و	ل	ش	ق	ط	ذ	م	ا	ز	ؤ	ع	ؤ	آ
ن	ب	ئ	ه	ب	ذ	آ	ش	ج	ى	ط	ذ	إ	ذ
ت	ف	خ	و	ر	ص	ؤ	و	ط	ؤ	أ	ن	ي	ق
ا	ع	ث	ر	ي	ئ	ف	ق	ى	س	ئ	ق	ذ	ط
ج	ا	ف	ب	خ	ذ	ق	ص	ز	ق	آ	ي	ى	ج
ي	د	آ	ث	آ	ر	ط	ت	ى	ب	ظ	ج	غ	غ
و	ي	س	م	ب	ف	ن	ذ	ز	ل	ث	ش	ث	خ
ة	ي	ف	ع	ث	ر	آ	ذ	ج	ث	ز	ض	ص	و

أصلي
خلاق
وصفي
موهوب
أنيق
مشهور
قوي
سميك
مشوق
طبيعي

عادي
الجديد
فخور
إنتاجي
نقي
مسؤول
مالح
صحي
جاف
بري

42 - Roupas

ح	ف	خ	ش	ز	ا	ص	ي	ز	آ	ت	ف	ب	ع
ذ	ئ	آ	ص	ع	ذ	ث	ب	س	م	ن	ن	س	ي
ا	ت	ق	ر	ئ	ع	ك	ي	ض	س	و	ا	ر	ث
ء	ل	س	ئ	إ	م	ص	ي	ئ	ت	ر	ض	ت	ئ
ض	ق	س	ظ	و	ئ	ن	ظ	ا	ر	ة	ى	ة	و
م	ب	ت	ت	ح	ز	ا	م	غ	ة	ط	ج	ق	ز
و	ع	ط	ز	ر	ر	د	غ	خ	ؤ	ى	و	م	إ
ث	ة	ط	غ	ق	ة	ل	ف	ج	ة	ئ	ا	ي	ئ
ص	ئ	ش	ف	ل	ب	ا	س	ن	و	م	ر	ص	ن
ش	س	ر	و	ا	ل	م	ت	ؤ	و	ا	ب	ج	ة
ح	ب	ط	ت	د	و	ذ	ا	ز	ا	د	ف	ع	ئ
ب	ث	ع	ط	ة	ز	م	ن	ج	ي	ن	ز	ث	ف
ا	خ	ف	إ	خ	ة	ق	ف	ا	ز	ا	ت	و	ز
ة	ت	ة	ظ	ص	ى	ن	ك	ا	ؤ	م	ض	ذ	ا

مئزر
بلوزة
سروال
قميص
معطف
قبعة
حزام
قلادة
السترة
جينز

قفازات
جوارب
موضة
لباس نوم
سوار
تنورة
صنادل
حذاء
سترة
فستان

43 - Herbalismo

م	ك	ح	ش	ن	ك	ز	ب	ر	ة	ث	و	م	ب
ر	ظ	د	ج	ك	ج	ع	ع	خ	ت	ة	ث	ج	ق
د	ح	ك	ك	ه	ر	ت	ؤ	ف	ز	ف	ر	ل	د
ق	أ	د	ذ	ة	ض	ر	و	ح	ر	ا	ص	ق	و
و	خ	ر	ي	ح	ا	ن	ا	ع	ج	ا	م	إ	ن
ش	ض	ش	ع	ق	غ	ي	ل	ط	ل	ع	ن	ى	س
م	ر	ث	م	ى	ة	ز	ط	ر	ت	م	ظ	ش	خ
ش	م	ق	ز	ه	ر	ة	ر	ي	ا	ع	ذ	آ	ط
ع	ص	آ	س	ج	ظ	ر	خ	ا	ل	ش	م	ر	ة
س	ن	ي	إ	ة	ي	م	و	ك	ع	غ	ت	ص	ص
ك	ع	خ	ل	غ	ت	ف	ن	ث	ن	ن	ز	ا	ض
ؤ	د	ل	ن	ض	آ	ي	ى	إ	ص	ى	ئ	ج	ب
غ	ث	ح	ش	ج	و	د	ة	ش	ر	ة	إ	ج	م
إ	ك	ل	ي	ل	ا	ل	ج	ب	ل	إ	ئ	ب	ض

زعفران
إكليل الجبل
ثوم
عطري
مفيد
كزبرة
الطرخون
زهرة
الشمرة
العنصر

حديقة
خزامى
ريحان
مردقوش
مصنع
جودة
نكهة
بقدونس
زعتر
أخضر

44 - Frutas

س	ت	ظ	ق	ة	ك	خ	ؤ	ك	غ	ف	ط	إ	ؤ
ا	و	ن	د	ؤ	ع	ك	غ	ي	ص	ظ	ص	د	ق
ز	ج	ن	غ	ط	ل	ئ	ة	ذ	ك	ئ	ا	ؤ	ا
ح	م	س	ئ	ل	ب	ر	ت	ق	ا	ل	ي	ت	س
خ	ب	ي	ر	ي	ا	م	ش	م	ش	ؤ	خ	ف	ك
ت	ح	ئ	ذ	ص	ب	ب	ا	ؤ	آ	ش	م	ا	م
و	ص	س	خ	ت	ا	ا	ل	ن	ذ	ع	و	ح	ث
ت	ؤ	غ	ب	ك	ي	و	ي	ا	ج	ى	ز	ب	ر
ا	ا	د	ظ	ر	ا	ن	س	أ	ك	و	ئ	ئ	ى
ل	ذ	ج	و	ز	ا	ل	ه	ن	د	ب	ص	ل	ى
ع	ل	ي	م	و	ن	إ	خ	ا	ت	آ	ي	ز	ص
ل	ع	و	آ	ل	ض	خ	ع	ن	ب	إ	غ	ر	ل
ي	ش	ب	ن	أ	ف	و	ك	ا	د	و	ن	ك	ي
ق	ع	ع	إ	ئ	ج	خ	ق	س	غ	إ	و	ة	ى

أفوكادو
أناناس
بلاك بيري
بيري
موز
كرز
جوز الهند
مشمش
تين
توت العليق

كيوي
برتقالي
ليمون
تفاح
بابايا
مانجو
شمام
كمثرى
خوخ
عنب

45 - Corpo Humano

ر	ي	ض	ج	ف	ج	ع	ي	ظ	و	غ	آ	ي	ع
ك	ا	ح	ل	ج	ب	ي	ر	ك	ى	د	ر	ذ	س
ب	و	ظ	ف	م	ه	ن	ت	ي	ج	ظ	ج	ذ	ت
ة	ئ	ع	ظ	ا	ة	ق	ب	ث	ل	ن	ل	ر	ث
ف	ل	ك	ت	ف	ص	ل	ا	ا	د	د	ك	خ	ب
ش	ع	ض	ب	ع	ط	ب	ض	ض	م	ى	د	ط	ح
إ	ش	س	ل	ط	ب	ع	ل	ؤ	ذ	ا	ض	إ	ث
ئ	ص	ق	ش	ط	ظ	ق	ل	ر	ق	ب	ة	ى	ئ
ع	خ	ب	ح	ظ	ك	خ	ذ	ئ	ن	ي	ئ	ض	ع
ف	د	ز	ع	ؤ	ت	ى	س	ي	د	م	ا	غ	ف
إ	ي	ح	ك	أ	ي	و	ش	س	ض	ت	ش	ذ	ك
آ	ع	خ	ط	ذ	ن	ة	د	ح	آ	ي	ش	ق	ك
ة	ل	ى	ر	ن	ع	ف	ز	خ	م	ى	ظ	ظ	ر
ذ	ق	ش	آ	ج	ض	غ	ن	ج	ص	ذ	ف	ر	خ

عين
كتف
أذن
جلد
رجل
رقبة
ذقن
دم
جبهة
كاحل

فم
رئيس
دماغ
قلب
كوع
إصبع
ركبة
فك
يد
أنف

46 - Restaurante #1

ة	ف	ل	ق	ص	د	ؤ	ض	و	ل	آ	ى	ز	ؤ
ف	ل	ذ	ط	ل	ز	خ	و	ع	خ	ح	ئ	ع	ب
ش	ظ	ذ	ذ	ص	ش	ظ	ع	ا	ق	ه	و	ة	د
غ	ز	ص	ح	ة	ي	ت	ح	ء	ض	ض	إ	خ	ح
ئ	ع	ش	م	ك	و	ن	ا	ت	ن	ا	ط	ب	ق
ط	ن	ز	ل	ئ	ظ	غ	ر	ئ	ظ	ج	ج	ز	ر
ع	ح	ل	و	ى	ن	ط	ز	ش	ق	ذ	ط	ن	ض
ص	ج	س	س	ك	ي	ن	إ	ن	ا	د	ل	ة	م
ط	ز	ف	ا	ذ	د	ج	ا	ج	ق	ز	ى	ى	ط
ن	ع	ن	ؤ	س	و	ئ	ذ	ع	ث	ا	ب	ن	ب
ك	ع	م	ن	د	ي	ل	ل	ح	م	ص	ئ	ة	خ
د	ذ	ل	ث	ؤ	ط	ة	غ	ت	ز	ظ	ر	م	ش
ل	ت	ن	ا	و	ل	ا	ل	ط	ع	ا	م	ا	ة
ز	ع	ح	م	ص	ط	ص	ئ	ظ	غ	ت	ح	ذ	ف

حساسية
قهوة
صراف
لحم
لتناول الطعام
مطبخ
سكين
دجاج
نادلة
منديل

مكونات
قائمة
صلصة
خبز
حار
طبق
حجز
حلوى
وعاء

47 - Caminhada

م	ت	ع	ب	و	ظ	خ	ع	م	ب	ص	ض	ا	ج
س	أ	ح	ذ	ي	ة	ر	ك	ج	م	ض	ل	ل	ر
ن	خ	ة	ض	إ	ز	ي	ا	ت	ج	ا	هـ	م	ف
ظ	م	ث	ق	ي	ل	ط	ؤ	ت	ن	ل	ف	خ	ق
ا	ل	ح	ج	ا	ر	ة	د	و	خ	ط	خ	ا	ق
ل	ؤ	ي	ث	ب	ض	ب	ر	ي	م	ي	ن	ط	ت
ح	س	غ	ج	غ	ظ	ف	آ	ط	غ	ض	ي	ر	ر
د	ت	خ	ك	ف	ح	م	ن	ا	خ	ض	ش	م	س
ا	ا	ل	ح	ي	و	ا	ن	ا	ت	ط	ق	س	ة
ئ	ب	ف	ؤ	ت	ؤ	ئ	ل	ت	إ	ش	ش	ج	ت
ق	إ	ة	ذ	ذ	ي	س	ط	ت	ش	ل	م	ل	ذ
ذ	ئ	ن	م	ف	ظ	د	ج	ئ	م	ة	ا	ج	ح
ر	ظ	آ	ح	ذ	ر	ط	ب	ي	ع	ة	ء	إ	ا
ى	ج	ص	ك	ق	ذ	ا	ل	ب	ع	و	ض	ا	ض

اتجاه
الحدائق
الحجارة
جرف
المخاطر
ثقيل
تحضير
بري
شمس
طقس

تخييم
الحيوانات
ماء
أحذية
متعب
مناخ
خريطة
جبل
البعوض
طبيعة

48 - Água

ش	غ	ذ	ق	ن	ا	ة	غ	ر	خ	ذ	أ	ج	ف
ض	ي	ج	ق	ه	ت	ل	ق	ج	ن	ظ	م	ذ	ي
ا	ج	ل	ى	ر	ب	ث	ر	ط	ن	غ	و	غ	ض
د	ئ	ص	د	ك	خ	ل	خ	ي	د	ش	ا	ن	ا
ح	إ	ع	ص	ا	ر	ج	ج	و	ص	ش	ج	آ	ن
غ	ش	ع	ة	ل	إ	ل	ب	خ	ا	ر	د	ك	ة
ف	ع	و	ك	ر	ث	ي	م	ح	ي	ط	ص	ي	إ
و	ط	ى	ظ	ص	ل	د	ط	ز	ي	ح	ش	ج	ش
ص	ق	ي	ع	ج	ا	ع	ر	ث	ث	ر	ر	و	ئ
ر	ر	ؤ	ط	ي	خ	ض	د	ظ	ؤ	ى	ة	ذ	خ
ظ	ط	ك	ج	ذ	إ	آ	ؤ	ة	م	ر	آ	ض	ذ
د	إ	و	م	ى	ؤ	غ	ى	ي	ج	ث	ط	ك	إ
ث	ش	ى	ب	ص	ص	ر	ز	ك	ت	خ	ح	ذ	ظ
ظ	ب	ش	ك	ة	س	خ	ا	ن	ى	ض	ز	ق	غ

قناة
مطر
دش
تبخر
إعصار
صقيع
جليد
سخان
فيضان

الري
بحيرة
ثلج
محيط
أمواج
نهر
رطوبة
بخار

49 - Ecologia

ط	ب	ي	ع	ة	ا	ا	ؤ	و	ش	آ	ف	م	م
ع	ل	آ	ظ	ض	ل	ض	ل	ن	ق	د	ن	س	ن
ج	ز	إ	ث	ذ	ح	ؤ	ى	ب	ع	ذ	ة	ت	ا
آ	ط	ن	ب	ت	ي	ن	ؤ	ث	ح	إ	د	د	خ
ت	ب	ب	ز	ذ	و	ق	ج	د	ا	ر	ع	ا	ر
ص	ي	ا	آ	م	ا	آ	ؤ	ا	م	ت	ي	م	خ
ة	ع	ت	ل	غ	ن	ك	ة	ه	ة	ؤ	ا	ة	ر
ا	ي	ا	ت	ث	ا	ا	ف	و	ع	ا	ل	م	ي
ح	ل	ت	م	ج	ت	م	ع	ا	ت	ن	و	ع	ل
ذ	د	م	ن	ق	ن	ئ	ة	ر	ز	ى	ى	إ	ت
ظ	د	ظ	و	ك	و	ا	ل	م	و	ا	ر	د	ث
ج	ف	ا	ف	ئ	ع	ا	ل	ج	ب	ا	ل	خ	ح
ة	ص	ح	د	ا	ل	ن	ب	ا	ت	ي	ة	خ	ر
ا	ل	م	ت	ط	و	ع	و	ن	ث	ل	ي	ر	ف

مناخ
مجتمعات
تنوع
الحيوانات
النباتية
عالمي
الموئل
البحرية
الجبال
طبيعي

طبيعة
اهوار
نباتات
الموارد
جفاف
نجاة
مستدام
نوع
نبت
المتطوعون

50 - Família

ة	د	ت	ا	خ	ت	ر	ن	ض	ق	ا	ب	ن	ة
د	س	ي	ا	م	ل	خ	ك	ى	ا	ل	أ	م	ت
ق	و	ق	ذ	ر	س	إ	ى	ف	ل	أ	ة	م	ؤ
ص	س	س	ش	ن	ي	آ	آ	ح	ع	ب	ج	ز	خ
أ	إ	ا	س	ف	ك	ط	ع	ل	م	ض	ذ	د	و
ب	و	ا	ل	أ	ط	ف	ا	ل	أ	خ	ت	ح	ة
ض	ز	ب	ف	ى	م	ل	ل	ش	ر	غ	و	ف	ي
ر	ئ	ن	ز	خ	و	ا	ز	ز	و	ج	ة	ي	غ
ع	ي	ع	ش	ق	ي	ق	و	ف	ع	م	ة	د	آ
ع	ن	م	ذ	ت	د	س	ج	غ	ط	ى	ر	غ	ق
م	ر	ح	ل	ة	ا	ل	ط	ف	و	ل	ة	ج	ث
ع	ت	ب	م	ك	ى	ة	ك	ل	ئ	ى	ك	إ	د
ئ	ق	م	ث	ى	ت	ع	ث	ط	ة	ا	ط	س	ع
ا	ب	ن	أ	خ	ج	ب	و	ث	ج	ل	ص	ب	ك

سلف
جدة
جد
طفل
الأطفال
زوجة
ابنة
مرحلة الطفولة
أخت
شقيق

الزوج
الأم
أم
حفيد
أب
الأب
ابن عم
ابن أخ
عمة
العم

51 - Férias #2

د	خ	ت	ك	ا	ل	ن	ق	ل	غ	س	ق	م	آ
ض	ح	أ	ا	ل	ت	ح	ف	ظ	ا	ت	ظ	ز	ئ
ج	س	ش	ؤ	ت	ا	ك	س	ي	أ	م	غ	ث	ل
ؤ	و	ي	خ	ر	ي	ط	ة	ز	إ	ج	آ	ى	ي
ا	ل	ر	ب	ف	ن	د	ق	ت	ن	و	ن	ؤ	ج
ق	ل	ة	ؤ	ي	ش	م	ط	ا	ر	ا	و	ب	ز
ر	ق	ج	ض	ه	ا	ل	ص	و	ر	ز	و	ت	ي
خ	ذ	ظ	ب	ع	ط	ل	ة	ب	ب	س	ج	ر	ر
ر	ي	ت	ق	ا	ئ	ن	ت	ق	ح	ف	ه	ض	ة
ح	و	م	ن	ط	ل	ص	ئ	ك	ر	ر	ة	ث	ظ
ل	ب	ط	ة	ج	ك	م	ظ	ر	ج	ل	ط	ث	آ
ة	ا	ع	ط	ر	ر	ع	ش	ق	م	ز	ت	س	إ
ض	ؤ	م	د	إ	ط	ظ	ح	و	ز	ث	س	ؤ	ت
ب	ع	ن	ي	و	ؤ	ل	ي	ي	ل	ئ	ز	و	ع

مطار
وجهة
أجنبي
عطلة
الصور
فندق
جزيرة
الترفيه
خريطة
بحر

الجبال
جواز سفر
شاطئ
التحفظات
مطعم
تاكسي
خيمة
النقل
رحلة
تأشيرة

52 - Edifícios

ح	س	ي	ض	ح	ر	س	م	ف	س	د	ح	م	د
ظ	و	م	ط	ق	ا	ق	ل	ي	ة	ا	آ	ن	ك
ي	ب	خ	ش	ى	ل	ا	ع	س	ش	ط	ق	ر	م
ر	ر	ت	ق	ع	س	آ	ب	د	ث	ف	ا	ص	س
ة	م	ب	ة	ض	ف	آ	ض	خ	ش	ج	ن	ث	ت
ا	ا	ر	س	م	ا	م	ن	ي	س	ط	ؤ	ي	ش
ط	ر	ى	ر	ؤ	ر	ت	ؤ	م	ت	آ	ح	و	ف
ش	ك	و	م	ف	ة	ح	ط	ة	ي	ف	ى	ر	ى
م	ت	ض	د	ع	ن	ف	ك	إ	ة	ع	ر	ز	م
د	ر	ش	إ	ظ	ل	ر	ق	ط	ى	ت	خ	ص	ر
ر	ن	ص	ث	د	ص	س	ة	ض	ط	خ	ن	ب	ص
س	ا	ى	ف	ا	خ	ى	ع	ث	غ	ع	ئ	ر	د
ة	ب	ف	ؤ	غ	ى	ط	ض	ة	ع	م	ا	ج	ط
ق	ذ	ط	ت	ئ	ت	ر	ا	ا	ق	د	ن	ف	ئ

مستشفى
فندق
مختبر
متحف
مرصد
سوبر ماركت
مسرح
خيمة
برج
جامعة

شقة
قلعة
حظيرة
سينما
السفارة
مدرسة
ملعب
مزرعة
مصنع
كراج

53 - Praia

ج	آ	ح	ط	ص	ق	ز	ن	ص	غ	د	ع	إ	ر
أ	ز	ر	ق	ا	ن	ر	ج	ؤ	ؤ	و	ص	ض	إ
ئ	ق	ح	ف	ا	ر	ظ	ن	م	ن	ش	ف	ة	خ
ر	ر	ت	ع	د	ب	ز	و	ة	ظ	ل	ض	ب	آ
ص	م	ن	ى	ل	ا	ج	و	ن	ق	ل	ظ	ح	ى
ي	ح	ل	ض	إ	ع	م	م	ح	ا	ق	ة	ر	ز
ف	ي	ر	ج	ي	ز	ش	م	س	ن	ث	ل	ب	ش
ي	ط	م	ث	ز	ش	س	ر	ط	ا	ن	ع	ظ	ل
ف	ئ	ش	ث	ض	ي	ذ	و	ن	ى	إ	ض	د	ؤ
ا	و	س	ا	ح	ل	ر	غ	ط	ى	ض	ي	ش	ر
ة	د	ع	ح	ى	ؤ	ي	ة	ا	إ	ل	ش	ز	آ
س	ف	م	ع	د	ج	خ	ف	ا	ى	ث	ؤ	ى	ك
ع	م	ر	ك	ب	ش	ر	ا	ع	ي	ج	ا	غ	ج
ز	ظ	ط	ب	ف	س	ؤ	ض	ث	ظ	ى	ك	ص	ع

رمل
أزرق
قارب
سرطان
ساحل
رصيف
مظلة
جزيرة

لاجون
بحر
محيط
صنادل
شمس
منشفة
مركب شراعي

54 - Ferramentas de Cozinha

خ	م	ر	ر	ش	غ	إ	ي	م	ئ	س	ف	ح	م
ش	ق	ن	ز	ض	ن	ج	آ	ب	غ	ى	ة	غ	ح
ا	ظ	ك	ق	ؤ	ك	ث	ف	ش	إ	ح	و	خ	م
م	ي	ز	ا	ن	ا	ل	ح	ر	ا	ر	ة	م	ص
ش	ب	ت	ب	ض	ز	ا	ق	ة	ن	ق	و	و	ة
غ	ل	ا	ي	ة	ف	ج	ج	ف	ك	ى	ض	ق	ب
ط	ش	م	ل	ع	ق	ة	ذ	ح	غ	ث	س	د	خ
ا	ب	و	ج	س	ك	ي	ن	ل	ت	ت	س	ق	م
ء	ع	آ	ك	غ	ك	ع	ص	ا	ر	ة	ض	ر	ق
ط	ز	ت	د	ة	ع	ا	ف	ح	م	ص	ف	ا	ة
ل	آ	ذ	ر	ع	ك	ي	ك	ئ	ب	غ	ث	و	ظ
ن	ص	ز	ئ	ط	ظ	ن	ص	ي	خ	ل	ا	ط	م
ئ	ذ	ة	و	ة	ص	س	ك	م	ن	ي	ز	م	ق
ث	ز	ئ	ع	ئ	ب	آ	ي	د	ى	ف	ض	م	ص

غلاية
مصفاة
ملعقة
عصارة
سكين
موقد
فرن
شوكة

ثلاجة
خلاط
مبشرة
السكاكين
غطاء
ميزان الحرارة
مقص
محمصة

55 - Xadrez

م	ا	م	ل	ك	ة	ج	ي	ظ	ب	ت	ب	غ	ؤ
ئ	ل	ل	ن	ة	د	ة	غ	م	ظ	م	ز	و	ص
إ	خ	ا	و	ا	ة	ئ	ش	ك	ث	ب	ط	ل	ف
م	ص	ع	ؤ	ق	ف	أ	ث	ج	م	ن	إ	ؤ	ز
س	م	ب	خ	إ	ت	س	ت	إ	ي	ي	ف	ل	س
م	س	ش	ى	س	ح	و	ة	ي	ط	ل	ز	س	ق
ؤ	ا	ا	ل	ت	ح	د	ي	ا	ت	ل	ة	غ	ط
ب	ب	ن	ي	ر	س	و	و	ش	ل	م	إ	ذ	ر
ض	ق	ط	ت	ا	ل	ع	ب	ه	س	ج	غ	غ	ي
ح	ة	ي	ع	ت	ض	ح	ي	ة	ش	ه	ذ	ح	د
م	خ	ة	ل	ي	ت	س	ن	ع	ق	و	ا	ع	د
س	ل	ا	م	ج	ط	ع	ل	ظ	ة	ل	ز	م	ز
ى	ك	ك	د	ي	ا	ل	ن	ق	ا	ط	ض	ض	ح
ك	ة	ت	ع	ة	ف	غ	ث	ظ	ي	أ	ب	ي	ض

ليتعلم
أبيض
بطل
منافسة
التحديات
قطري
إستراتيجية
لاعب
لعبه
الخصم

مبني للمجهول
النقاط
أسود
ملكة
قواعد
ملك
تضحية
الوقت
مسابقة

56 - Aventura

خ	ة	ى	ز	ن	ف	س	ص	ش	آ	ك	ص	م	ظ
أ	و	ج	ه	ة	ر	خ	ذ	ذ	ت	غ	ع	ف	ب
م	ر	ح	ص	و	ص	ر	ط	غ	ح	ا	و	ا	خ
ن	ش	ا	ط	ع	ة	ط	ب	ي	ع	ة	ب	ج	ض
ا	ل	م	ل	ا	ح	ة	ك	ر	ر	ص	ة	أ	ج
ف	ا	د	ا	ز	ر	غ	ذ	ع	ج	ذ	ش	ة	ا
ث	ن	ق	ب	ل	ط	ى	ج	ا	ى	م	ج	إ	ص
ت	ح	ض	ي	ر	ت	ج	غ	د	ك	ي	ا	ئ	ح
ف	ر	د	ز	ظ	إ	ح	خ	ي	ن	آ	ع	ل	ا
ن	ا	ش	ت	ئ	ب	م	د	ؤ	ت	ب	ة	ج	ب
خ	ف	ي	ى	ى	ف	ا	ف	ي	ى	ل	و	و	ر
ت	ص	ظ	ل	ل	غ	س	ق	ث	ا	م	ر	د	ك
ا	ل	ج	د	ي	د	ذ	ث	ث	ر	ت	د	ح	ق
م	س	ا	ر	ا	ل	ر	ح	ل	ة	إ	ث	ح	ن

انحراف
غير عادي
مسار الرحلة
طبيعة
الملاحة
الجديد
خطير
تحضير
أمن
مفاجأة

مرح
اصحاب
نشاط
جمال
شجاعة
فرصة
التحديات
وجهة
صعوبة
حماس

57 - Floresta Tropical

ا	ل	ث	د	ي	ي	ا	ت	ذ	و	ق	ي	م	ة
غ	ن	ج	ل	ش	ل	ح	ة	ظ	ب	ج	غ	ز	ظ
ؤ	ة	س	ا	د	ح	ت	ث	ص	ط	ف	و	ؤ	ي
أ	و	م	ل	ة	ف	ر	ف	ل	ح	ع	ر	ن	ز
ص	ت	ن	ح	ق	ظ	ا	ص	ز	ل	ا	ى	ت	ك
ل	ى	ا	ش	ط	ن	م	ئ	ع	ب	ل	ي	ؤ	ئ
ي	ج	خ	ر	ب	ص	ث	و	ا	ك	ب	ع	ت	ا
إ	ف	ذ	ا	ي	ظ	ث	ش	ل	ش	ر	ئ	ئ	م
ت	ا	س	ت	ع	ا	د	ة	أ	ض	م	ل	ج	أ
ح	ن	ل	س	ة	ب	ف	ث	ن	ة	ا	ؤ	د	ى
د	ج	و	غ	ح	ث	غ	ئ	و	د	ئ	ى	ص	إ
ض	ا	د	ع	ا	ا	ن	ب	ا	ت	ي	ظ	ض	د
ط	ة	ش	د	خ	ب	ب	د	ع	ط	ا	ل	د	آ
ا	ل	ط	ي	و	ر	ة	ز	ى	ح	ت	ل	د	خ

البرمائيات	طبيعة
نباتي	سحاب
مناخ	الطيور
ملة	حفظ
تنوع	ملجأ
الأنواع	احترام
أصلي	استعادة
الحشرات	الغابة
الثدييات	نجاة
طحلب	ذو قيمة

58 - Cidade

ح	ؤ	م	ص	م	م	ر	ق	ز	ض	م	م	ث	ة
د	ي	م	ي	ئ	د	س	ظ	آ	ة	ك	ع	د	د
ي	ف	ن	د	ق	م	ر	ى	ص	غ	ت	ر	ة	ى
ق	ب	س	ل	ص	ط	ة	س	و	ق	ب	ض	ش	ي
ة	ج	ق	ي	ب	ا	ا	ا	ة	ي	ة	ت	ب	إ
ح	ا	ز	ة	ن	ر	ئ	ز	ت	م	ط	ع	م	ج
ي	م	ه	ا	ك	م	ل	ع	ب	خ	د	آ	س	ح
و	ع	و	ع	و	ش	ق	آ	ب	ب	ا	ر	ر	ح
ا	ة	ر	ل	ظ	ب	و	ص	ؤ	ز	م	ت	ح	ف
ن	س	و	ذ	ذ	ح	ص	ا	ؤ	ذ	ص	ش	ت	ع
ت	ج	ي	د	ئ	ع	ي	ا	د	ة	ق	س	س	ل
ا	ح	ك	ن	ش	و	د	ط	ل	غ	ج	ض	م	ى
س	و	ب	ر	م	ا	ر	ك	ت	و	ز	ل	د	س
آ	ل	ت	ض	ع	ا	ذ	م	ن	ز	ن	ق	ص	ر

مطار
بنك
مكتبة
سينما
عيادة
مدرسة
ملعب
صيدلية
منسق زهور
معرض

فندق
حديقة حيوان
سوق
متحف
مخبز
مطعم
صالون
سوبر ماركت
مسرح
جامعة

59 - Matemática

ع	ل	ا	ح	م	ح	ي	ط	م	س	ت	ط	ي	ل
ش	ث	ت	م	ج	ث	ا	ل	أ	ر	ق	ا	م	ه
ر	ع	د	إ	م	ض	ل	ع	ذ	ص	ب	ك	ط	ن
ي	أ	ج	ش	و	ج	م	ث	ز	ل	ا	ع	ا	د
ق	س	ج	م	ع	م	ط	ج	م	و	ا	ز	ل	س
ؤ	إ	و	ث	س	ع	ا	ق	ز	ة	ض	ر	ص	ة
ز	ش	ن	ت	ن	ا	ظ	ر	ي	ء	ض	م	و	ص
ر	ك	ع	م	و	د	ي	ن	ج	ث	ة	ظ	ت	ش
ة	آ	آ	ش	م	ل	ز	ة	ة	ث	ز	ش	ي	ع
ئ	آ	ض	ر	ؤ	ة	و	و	ج	ح	س	ا	ب	د
ى	ج	ن	ق	ا	ة	ا	ق	ط	ر	ن	خ	م	ق
آ	ل	ذ	ؤ	ض	ط	ي	ص	ع	و	ذ	ة	ي	ذ
ت	غ	و	ج	ق	غ	ا	ة	د	ر	ج	ا	ت	ظ
خ	ظ	ق	ش	إ	إ	ع	آ	ب	ب	د	ة	ث	ا

الأرقام
مواز
عمودي
مضلع
مربع
مستطيل
تناظر
مجموع
مثلث
الصوت

حساب
زوايا
محيط
عشري
قطر
معادلة
أس
جزء
هندسة
درجات

60 - Natureza

ا	أ	و	ر	ا	ق	ا	ل	ش	ج	ر	ف	م	م
ل	ظ	ر	ي	ه	ا	د	ئ	م	ت	ح	ر	ك	ل
ح	ث	ت	آ	ك	ل	خ	د	ح	ب	ي	ا	ض	ا
ي	إ	ث	ؤ	ص	ن	و	س	ث	ب	و	س	ض	ذ
و	ؤ	ن	ى	س	ح	ا	ب	غ	ش	ي	ظ	ش	ا
ا	إ	ظ	ف	ك	ل	ب	ر	ص	ا	ض	ب	ا	ب
ن	خ	ئ	ئ	ي	ض	م	ي	ف	س	ب	ظ	ص	و
ا	ه	م	د	د	إ	س	ي	ج	ت	ن	ة	ح	ن
ت	ز	ر	ط	ئ	ض	ص	م	أ	و	ى	ص	ر	ض
ا	ل	ق	ط	ب	ا	ل	ش	م	ا	ل	ي	ا	ر
خ	إ	ت	ر	ق	غ	ذ	ح	ث	ئ	ل	ق	ء	و
ج	ظ	ل	ى	ف	ة	م	ع	ل	ي	ك	س	ط	ق
ح	ا	ظ	و	خ	ؤ	ئ	ى	ج	م	ا	ل	ئ	ظ
ر	ش	إ	خ	ك	م	ع	ج	ة	ت	ب	ا	ا	ف

النحل
مأوى
الحيوانات
القطب الشمالي
جمال
صحراء
متحرك
تآكل
غابة
أوراق الشجر

مثلجة
ضباب
سحاب
سلمي
نهر
ملاذ
بري
هادئ
استوائي
حيوي

61 - Preencher

ش	ش	ة	و	ض	غ	ن	ز	ت	ش	أ	إ	ل	ل
خ	ؤ	ت	ؤ	ط	ث	ش	ج	ض	إ	ن	ح	س	ح
ت	و	ا	ل	د	ر	ج	ا	ز	ز	ب	ق	ق	ؤ
ؤ	ز	ع	ئ	ل	ب	ئ	ج	ط	ح	و	خ	و	ج
ف	غ	ن	ا	و	ل	ث	ة	ص	ق	ب	ح	ك	غ
س	ث	ص	ض	ء	ز	ن	ظ	ج	ي	ب	ح	و	ض
س	ك	ي	س	ج	ع	ز	ك	ة	ب	ر	م	ي	ل
ص	ب	ن	ئ	م	ط	ح	ز	م	ة	م	ا	ع	ع
ا	ن	ي	و	د	ت	ذ	خ	ج	س	غ	إ	ن	غ
إ	ذ	ة	ئ	ع	ع	إ	ب	ل	ف	ل	إ	ع	م
ز	ه	ر	ي	ة	ض	ل	ط	د	ر	ف	ة	ن	ع
ظ	ت	ا	ث	ط	ف	ا	ب	ج	ر	ة	ج	ح	ؤ
آ	ة	د	ي	ق	ت	ز	ج	ة	ع	غ	ظ	ح	ئ
ظ	ظ	و	ت	ل	ع	ث	غ	د	ش	ص	ذ	ح	ش

حوض
دلو
صينية
برميل
جيب
علبة
سلة
مغلف
زجاجة
الدرج
جرة
حقيبة سفر
وعاء
حزمة
مجلد
كيس
أنبوب
زهرية

62 - Animais de Estimação

س	س	ن	ط	ط	ر	ة	ر	ق	ب	ل	ا	خ	م
م	د	و	ئ	ب	غ	ظ	ز	ط	ب	آ	خ	ظ	ئ
ك	ق	ق	آ	ي	ج	ؤ	ظ	ق	غ	ؤ	ظ	خ	ب
ل	ؤ	ك	خ	ب	ج	ل	ى	ض	ا	ي	خ	ي	ل
ب	ة	خ	ث	ب	ز	ع	ا	م	ء	ت	إ	ة	س
ع	آ	ى	ر	ي	ع	ح	ف	ق	ح	ص	ط	ل	ا
ى	ف	ج	ع	ط	ف	غ	ى	م	إ	ظ	ح	ظ	س
م	ى	ذ	ز	ر	آ	غ	س	ا	ي	ف	ك	ي	إ
ث	إ	إ	ج	ي	ف	ا	ح	ء	ا	س	ب	ج	ز
ة	ر	ي	ر	ه	أ	غ	ل	ة	ت	ح	ن	س	و
إ	ة	ك	و	ص	ر	ل	ي	ذ	آ	غ	إ	و	أ
ل	ى	ي	ت	ب	غ	ط	ة	ض	خ	ك	ت	ر	ذ
ش	ع	آ	ؤ	ا	ج	ر	ذ	إ	ق	ف	ن	خ	م
ظ	ى	ص	إ	ح	ة	د	ل	ف	ز	ب	ذ	ك	ث

قط
سحلية
فأر
ببغاء
سمك
سلحفاة
بقرة
طبيب بيطري

ماء
ماعز
جرو
ذيل
كلب
أرنب
طوق
مخالب
هريرة

63 - Escalada

ت	ة	س	ب	ا	خ	ف	خ	ا	س	ئ	ن	ك	ؤ
ز	ق	ط	د	ظ	ب	ر	و	ر	ط	ر	ة	ف	د
ك	ئ	ض	ن	ك	ي	ئ	ذ	ت	ي	خ	ت	ا	ك
أ	ح	ذ	ي	ة	ر	ك	ة	ف	ر	ط	د	ق	س
ؤ	ح	ج	خ	ك	ظ	ح	ف	ا	ك	ئ	ة	ث	ط
ف	ى	آ	ح	غ	ظ	غ	د	ع	ق	إ	ر	ا	ئ
ا	ل	غ	ل	ا	ف	ا	ل	ج	و	ي	آ	ل	ح
ت	ر	ا	س	ت	ق	ر	ا	ر	ة	غ	س	ت	ن
ق	ذ	ى	ل	ب	ط	ش	ق	م	ط	ق	ت	ح	ز
م	ت	ج	ة	ف	ض	ك	ت	ط	خ	ض	س	د	ؤ
إ	ب	ق	ب	ئ	ض	ؤ	ه	ر	س	غ	ؤ	ي	ك
ق	ف	ا	ز	ا	ت	و	ل	ف	ش	ط	غ	ا	ظ
إ	آ	د	ذ	ف	ح	غ	ل	ت	ض	ي	ق	ت	ة
ا	ل	ت	ض	ا	ر	ي	س	م	ئ	ز	م	ع	ح

استقرار
ضيق
بدني
قوة
قفازات
خريطة
التضاريس

ارتفاع
الغلاف الجوي
أحذية
خوذة
كهف
الفضول
التحديات
خبير

64 - Aviões

ؤ	ع	ظ	ر	ع	ه	و	ا	ء	ا	ل	و	ا	م
ص	ظ	ح	إ	ت	ب	ي	ض	ر	ي	ن	ن	ح	غ
ط	ي	ا	ر	ت	و	ا	د	ج	ب	ن	ا	ء	ا
ا	ض	ر	غ	ض	ط	ض	غ	ر	ر	س	ص	ع	م
ل	ج	ت	خ	خ	آ	ط	إ	ا	و	ط	ل	و	ر
غ	ت	ف	ا	م	ا	ر	ر	ك	ق	ج	ا	ة	ة
ل	ي	ا	ش	ذ	و	ا	ا	ب	و	ى	ي	ق	س
ا	ا	ع	ج	ا	ح	ب	ل	ا	د	ش	ن	ن	م
ف	آ	ب	ا	ل	و	ن	ت	ؤ	ن	ز	ى	ع	ا
ا	م	ك	إ	ت	ض	م	ن	ن	ش	س	ة	د	ء
ل	ح	ط	ك	ا	ج	ز	ق	ي	ث	ا	د	ئ	ن
ج	ر	ى	م	ر	غ	ا	ل	ئ	ؤ	ى	ل	ف	د
و	ك	ع	ذ	ي	ح	إ	ه	و	و	ع	ع	ت	س
ي	ق	خ	ن	خ	ف	ش	س	آ	ي	ط	ظ	ي	إ

ارتفاع
هواء
هبوط
الغلاف الجوي
مغامرة
بالون
سماء
وقود
بناء
اصل

اتجاه
هيدروجين
التاريخ
تضخم
محرك
التنقل
راكب
طيار
طاقم
اضطراب

65 - Tipos de Cabelo

ش	ا	آ	ض	ق	س	ع	ل	ث	ز	ب	ا	ت	د
أ	س	ض	ذ	ش	غ	ط	ج	ب	م	ف	ز	ج	ا
ب	س	ض	ؤ	ت	ؤ	ف	و	ن	ش	ف	م	ع	س
ي	م	و	ى	ط	ش	ص	ح	ي	ق	ض	ت	ي	ذ
ض	ي	ا	د	م	ج	ع	د	ب	ل	ذ	ش	د	ج
د	ك	ق	ؤ	ط	ى	ذ	ر	م	ا	د	ي	ا	ث
ئ	ى	ث	ص	ؤ	ى	ط	ق	ل	م	ش	ز	ل	غ
ف	ز	ك	ش	ط	ط	ح	ي	و	ع	د	ص	ش	ظ
إ	أ	ظ	ة	ة	س	ي	ق	ن	م	ر	ق	ع	ق
ل	ش	ج	ف	ز	د	د	ك	ا	ت	خ	غ	ر	ز
ق	ق	ذ	ا	ك	ق	ل	ك	ع	م	أ	ص	ل	ع
ك	ر	و	ح	ف	ص	و	ع	م	و	ض	ض	إ	ث
ح	ي	آ	ب	ة	غ	و	إ	آ	ج	ا	ف	ض	ة
ن	ن	ش	ع	ب	آ	ا	ل	ض	ف	ا	ئ	ر	غ

أبيض
لامع
تجعيد الشعر
أصلع
رمادي
ملون
مجعد
رقيق
سميك
أشقر

طويل
بني
متموج
فضة
أسود
صحي
جاف
ناعم
مضفر
الضفائر

66 - Formas

ا	ل	ب	ي	ض	ا	و	ي	ب	ى	ر	م	آ	ا
ط	ل	س	آ	س	آ	ع	س	ا	ح	ي	س	ى	س
ب	ض	ق	م	ض	ل	ع	ص	م	م	ئ	ت	ى	ط
إ	خ	و	ط	س	س	ل	و	و	ؤ	م	ط	ح	و
ز	ئ	س	م	ع	ا	م	و	ش	ط	ئ	ي	م	ا
ى	خ	ن	د	ش	ا	ث	ت	و	خ	ش	ل	ر	ن
ؤ	ف	ك	س	ظ	د	ل	ه	ر	م	ك	ع	ب	ة
إ	ث	ث	ة	ج	ا	ث	ز	غ	ؤ	ظ	ا	ع	خ
د	ذ	ض	خ	ز	ئ	ب	ف	ا	ئ	ض	ل	ف	ط
م	ن	ح	ن	ى	ر	ك	ن	ع	ئ	ظ	ج	ث	ظ
خ	ز	ي	ف	إ	ة	ذ	ن	د	غ	د	ا	ن	ط
ر	ل	ح	ق	ص	إ	ة	ر	آ	ل	ض	ن	ك	ق
و	خ	ل	ؤ	ك	ض	ف	آ	ن	ى	ة	ب	ش	ش
ط	ع	و	ح	ذ	ظ	ؤ	ق	ذ	ذ	ئ	ث	ظ	خ

قوس
ركن
اسطوانة
دائرة
مخروط
مكعب
منحنى
القطع الزائد
الجانب

خط
البيضاوي
هرم
مضلع
موشور
مربع
مستطيل
مثلث

67 - Dias e Meses

ا	ك	ح	ث	ف	م	ن	ا	ش	ف	ط	ك	ض	ب
ل	د	م	م	ب	ي	و	ل	ي	و	ش	آ	ذ	ل
ث	ق	ت	ى	ر	ض	ف	خ	ز	ج	ه	ن	ع	ر
ل	ي	غ	إ	ا	غ	م	م	ة	ؤ	ر	و	ت	ا
ا	ا	ز	ف	ي	ئ	ب	ي	ط	أ	ب	ر	ي	ل
ث	ل	ل	ص	ر	آ	ر	س	ك	ك	ئ	ا	ث	ا
ا	ج	ب	س	ن	ة	ا	ث	ة	ت	ح	ي	أ	ث
ء	م	و	ب	ب	ذ	ل	ة	س	و	ز	ع	غ	ن
س	ع	ث	ت	ل	ت	أ	ز	ث	ب	أ	ض	س	ي
ة	ة	خ	م	ث	ق	ح	ز	ؤ	ر	س	ؤ	ط	ن
ا	آ	و	ب	ن	و	د	ي	س	م	ب	ر	س	م
ى	ي	د	ر	ت	ي	ي	ظ	ص	ي	و	ن	ي	و
ي	ن	ا	ي	ر	م	ئ	ئ	ث	س	ع	ز	إ	ن
ف	ق	ع	ئ	ص	ص	ث	ب	ط	ظ	ع	م	ب	ؤ

أبريل
أغسطس
سنة
تقويم
ديسمبر
الأحد
فبراير
يناير
يوليو
يونيو
شهر
نوفمبر
أكتوبر
الخميس
السبت
الاثنين
أسبوع
سبتمبر
الجمعة
الثلاثاء

68 - Geografia

خ	ط	ا	ل	ط	و	ل	م	ب	آ	ذ	إ	ؤ	خ
ع	ج	ر	أ	ت	د	آ	د	و	س	و	ض	ا	ى
ب	ل	د	ط	ث	ي	و	ي	خ	ر	ي	ط	ة	ر
ط	ى	ت	ل	ك	ر	ق	ن	ش	غ	م	ح	ي	ط
ى	ض	ض	س	ق	ى	د	ة	ى	ر	غ	م	ز	ض
م	إ	ص	ص	ا	ا	ع	ل	ج	ب	ل	س	ذ	ع
ي	ن	خ	ظ	ئ	س	ز	ج	و	م	ح	ث	ؤ	ؤ
ر	ه	ط	ف	ا	ؤ	ت	ن	و	ر	ف	ر	ة	ع
ي	ر	ا	ق	ا	ر	ة	و	و	ش	غ	ي	ض	ج
د	ج	ل	ى	ة	ش	ت	ب	ز	ي	إ	ش	ظ	ز
ي	ب	ع	م	ظ	م	ة	ف	د	ط	ت	ر	خ	ي
ا	ل	ر	م	خ	ا	ل	ع	ا	ل	م	ي	ة	ر
ن	ض	ض	ق	ى	ل	ش	ؤ	ذ	ع	ا	ؤ	ص	ة
ن	و	ص	ط	خ	ط	ا	ل	ا	س	ت	و	ا	ء

ارتفاع
أطلس
مدينة
قارة
خط الاستواء
جزيرة
خط العرض
خط الطول
خريطة
بحر
ميريديان
جبل
العالمية
شمال
محيط
غرب
بلد
منطقة
نهر
جنوب

69 - Antártica

ة	ب	س	س	ل	ك	ي	ي	ل	و	ق	ش	ل	د
خ	ل	ي	ج	ف	و	ظ	ق	ظ	ح	ر	ض	ا	ر
غ	د	ى	د	ط	ف	ح	ؤ	ث	آ	غ	ظ	ل	ج
ؤ	ش	ا	ل	م	ع	ا	د	ن	ي	ق	ؤ	ح	ة
ط	ب	ا	ل	ب	ط	ا	ر	ي	ق	ر	ذ	ي	ا
ة	ه	ف	ي	ح	ج	غ	ر	ا	ف	ي	ة	ت	ل
ا	ج	ل	ي	د	ف	ا	ص	ت	م	ع	ف	ا	ح
ل	ز	ن	ك	ن	د	ظ	س	ق	ا	ر	ة	ن	ر
ب	ي	ئ	ة	ك	ق	ة	ف	خ	ء	ة	ط	ر	ا
ع	ر	خ	ط	ب	و	غ	ر	ا	ف	ي	ا	س	ر
ث	ة	ر	م	ب	و	ذ	ة	ض	ل	ظ	س	ذ	ة
ة	ن	ط	ج	ط	ا	و	ة	ش	ه	ج	ر	ة	ث
إ	ث	ص	خ	ر	ي	ح	ع	ل	م	ي	ز	ل	ز
ث	س	ي	ح	ق	ب	ت	ث	و	د	ف	ر	ر	د

بيئة
ماء
خليج
الحيتان
علمي
الحفظ
قارة
كوف
البعثة
جليد

جغرافية
الجزر
باحث
هجرة
المعادن
شبه جزيرة
البطاريق
صخري
درجة الحرارة
طبوغرافيا

70 - Flores

ئ	و	س	ب	ة	ظ	ا	ل	ك	ر	ك	د	ي	ه
م	ع	ب	ا	د	ا	ل	ش	م	س	ؤ	ز	ا	ر
ل	ا	م	د	أ	س	خ	ط	س	ج	ب	ح	ل	خ
ش	ذ	غ	ب	ر	ن	ش	ث	ظ	ى	ا	ا	ه	و
س	د	ر	ن	ج	ف	خ	آ	ذ	ب	ل	ل	ن	ئ
ج	س	ة	ي	و	ل	ا	ص	د	ا	س	ب	د	ا
ت	ا	و	ع	ا	ل	ش	ض	ف	ق	ح	ت	ب	ل
و	ع	ر	ف	ن	د	ي	ز	ي	ة	ل	ل	ا	ف
ل	ئ	د	د	ي	ب	آ	ا	ا	أ	ب	ة	ء	ا
ي	س	ة	ة	ي	ي	ي	ش	ر	ز	ف	ى	ز	و
ب	ز	ت	ؤ	ب	ن	ب	آ	ر	ه	ل	ظ	ق	ا
ك	ن	ب	ل	و	م	ي	ر	ي	ا	س	ى	ظ	ن
ظ	ب	ا	م	ش	س	ظ	ا	س	ر	د	ض	م	ي
إ	ق	ي	ا	س	م	ي	ن	خ	ز	ا	م	ى	ا

باقة أزهار
الهندباء
جاردينيا
عباد الشمس
الكركديه
ياسمين
خزامى
أرجواني
زنبق
ماغنوليا

ديزي
السحلب
الخشخاش
الفاوانيا
البتلة
بلوميريا
وردة
نفل
توليب

71 - Fazenda #1

ش	ذ	ل	آ	س	ط	ز	ت	أ	ع	ن	ؤ	ك	ط
م	ا	ع	ز	غ	م	ر	ب	ر	ي	ب	ة	ز	م
و	م	ث	د	ق	م	ا	ن	ز	خ	ن	ة	ح	ظ
ز	ا	س	ق	ض	إ	ع	د	آ	ة	ر	ف	ع	و
ي	ء	ج	ص	ط	ة	ة	ج	ا	ص	ث	ا	ئ	ط
ق	ى	س	ؤ	ح	ظ	و	ا	خ	ظ	ذ	غ	ب	م
ل	ن	س	ق	ق	ط	و	ج	ي	ج	ب	ي	ح	ج
ع	ح	ح	س	ل	ص	ت	ش	ل	ة	ا	ع	ؤ	ز
ح	ل	م	ت	ي	خ	ا	ق	ر	غ	ط	ش	آ	م
ص	ة	ا	ق	ر	ا	ؤ	ى	ك	ر	ة	د	ط	ب
ا	ي	ر	ص	ط	ع	ج	ل	ل	ا	م	ت	د	ك
ن	ئ	خ	ن	ز	ي	ر	ج	ب	ب	ق	ر	ة	ق
ش	غ	ض	ح	ك	ث	ع	س	ل	ي	ظ	ل	ط	خ
ق	ى	ز	ا	و	و	ى	ى	إ	ب	ث	و	آ	ج

نحلة
زراعة
أرز
ماء
عجل
حمار
ماعز
حقل
حصان
كلب

سياج
غراب
تبن
سماد
دجاج
قط
عسل
خنزير
قطيع
بقرة

72 - Livros

إ	ر	ج	ذ	م	ع	ت	ي	خ	ي	ر	ا	ت	ذ
ط	ز	ذ	ا	أ	ج	ت	غ	ف	د	ز	ل	ل	م
غ	ب	ا	ت	س	ل	خ	ف	ل	ؤ	م	ا	ك	ك
ع	ى	و	ا	ي	ا	و	ا	ر	ل	ا	ز	ظ	ت
ذ	ظ	ث	ل	و	ج	ص	ئ	ر	ا	ق	د	ذ	و
ة	ح	ف	ص	ي	ث	غ	ع	د	ب	م	و	ج	ب
ى	ط	ز	ل	ئ	ض	ح	ض	ر	غ	ظ	ا	ن	ئ
إ	ن	ل	ة	ة	و	ا	ف	ا	ر	أ	ج	ك	ط
خ	ؤ	ئ	ظ	م	م	ا	م	و	ة	د	ي	ص	ق
ن	ص	ظ	ر	ج	ة	ر	ا	ك	ض	ب	ة	ص	ق
و	آ	ج	ئ	م	ة	ي	ص	ذ	ة	ي	ا	ك	إ
خ	و	ت	ز	و	ة	د	ن	ك	ة	م	ح	ل	م
س	ذ	ذ	ر	ع	ش	ج	د	ف	ة	ل	س	ل	س
ذ	ب	ا	ك	ة	م	ض	ط	ح	د	ج	ب	ت	ت

أدبي
الراوي
صفحة
قصيدة
شعر
ذات الصلة
رواية
سلسلة
مأساوي

مؤلف
مغامرة
مجموعة
الازدواجية
مكتوب
ملحمة
قصة
تاريخي
مبدع
قارئ

73 - Chocolate

ع	ا	ا	إ	ا	ئ	ذ	ن	ا	ا	س	ت	غ	ج
ئ	ط	ل	ل	ي	م	ا	ر	ك	ئ	ذ	خ	و	ل
ت	ص	ع	و	ؤ	س	ى	ط	ع	ج	ظ	ز	ت	ذ
ذ	ع	ن	ط	ش	ح	ر	ش	ف	ؤ	ا	ن	ز	ي
ظ	ؤ	ص	ب	و	و	ت	ض	س	ل	ا	غ	ئ	ذ
ر	م	ر	ل	ح	ق	ع	ث	ه	و	ش	ج	م	آ
ن	د	ى	ئ	إ	و	ض	ن	ل	ل	غ	خ	آ	م
ش	ع	ة	ف	ص	و	د	ا	ي	ف	ر	ح	ل	ا
ة	د	س	ك	أ	ل	ل	د	ا	ض	م	ة	ص	ح
ن	غ	ن	ز	ق	ط	ر	ك	س	ل	ا	ن	ل	ن
ك	ر	خ	ك	ع	ق	ا	ذ	م	ل	ا	و	ظ	ع
ه	ي	خ	ا	ؤ	ش	ج	ج	آ	م	ص	م	ج	إ
ة	ب	م	ق	آ	ض	ث	ق	ا	ر	ل	ض	ف	م
ذ	ت	غ	ة	د	و	ج	و	ا	ك	ا	ك	ل	ا

حلو	السكر
غريب	مر
مفضل	مضاد للأكسدة
المذاق	الحرفي
العنصر	الكاكاو
مسحوق	كراميل
جودة	جوز الهند
وصفة	لتناول الطعام
نكهة	لذيذ

74 - Profissões #2

ح	غ	إ	ر	ج	ن	ف	ص	ج	ي	ة	و	ج	خ
م	ت	ل	ط	ر	د	ا	ج	ح	و	ع	ى	ن	ط
ب	ا	ح	ث	ا	ر	ا	ئ	د	ف	ض	ا	ء	ب
د	ه	ا	ن	ح	أ	ؤ	ل	ش	ن	ي	أ	ا	ي
ة	غ	آ	ب	ر	ح	ر	آ	ز	ؤ	ض	م	ل	ب
ك	ز	ة	ش	ث	ي	ظ	ح	آ	ط	ش	ي	م	أ
ل	ل	ظ	ز	ا	ا	ل	ف	ظ	ب	ي	ن	ص	س
ش	ح	غ	ط	ش	ئ	ل	غ	و	ي	ى	ا	و	ن
م	د	ر	س	ف	ي	ا	س	غ	ب	ش	ل	ر	ا
ح	ه	ح	ذ	ب	س	ت	ا	ن	ي	م	م	ز	ن
ق	ض	ن	ك	م	إ	ؤ	ا	ة	ئ	ز	ك	ط	غ
ق	ث	ف	د	م	خ	ت	ر	ع	ئ	ا	ت	غ	ج
ص	ف	ي	ل	س	و	ف	ض	ف	ا	ر	ب	د	إ
إ	ط	ئ	د	ف	ح	آ	ل	م	ف	ع	ة	ة	ف

باحث
محقق
بستاني
صحفي
لغوي
طبيب
طيار
دهان
مدرس

مزارع
رائد فضاء
أمين المكتبة
أحيائي
جراح
طبيب أسنان
مهندس
فيلسوف
المصور
مخترع

75 - Fazenda #2

ص	ز	ط	ذ	ئ	ا	ل	ر	ا	ع	ي	ض	ح	ا
ش	ى	و	ر	ف	ل	ه	ب	ؤ	ع	ى	د	ب	ل
ج	ص	ة	خ	ل	ر	ع	ي	ن	ا	ض	ج	و	خ
م	ن	ا	ل	ح	ي	و	ا	ن	ا	ت	ؤ	ب	ض
إ	و	ج	ف	ز	ظ	ط	ج	آ	ج	ت	آ	ذ	ر
آ	ق	م	ظ	ق	ؤ	ي	ح	ث	ر	ض	ى	ر	و
آ	ر	د	ر	م	ز	ا	ر	ع	ا	ب	ف	ة	ا
ل	ر	آ	ر	ح	ل	ي	ب	ة	ر	ط	ك	ع	ت
م	ش	خ	ط	ى	ؤ	م	ل	غ	ر	ة	ز	ع	ض
ش	ع	ي	ر	ص	ن	س	ب	س	ت	ا	ن	ف	ي
ئ	ح	ى	ئ	و	ح	أ	ز	ا	ق	ص	ز	ق	آ
ض	ت	ح	ق	ع	ف	ئ	و	إ	ل	ز	ا	ب	ن
ت	د	م	ر	ج	ج	ر	ك	ز	ش	ر	ؤ	ش	ي
ف	ا	ك	ه	ة	م	ن	ع	ث	ض	ؤ	ن	ع	ر

مزارع
الحيوانات
حظيرة
شعير
فاكهة
أوز
الري
حليب
لهب
ناضج

حبوب ذرة
خروف
الراعي
بطة
بستان
مرج
جرار
قمح
الخضروات

76 - Jardim

ا	ج	آ	ة	ب	م	ي	م	ت	ر	ب	ة	س	ى
ق	ل	س	ب	ر	ج	ن	ص	ؤ	د	ف	و	ي	خ
ة	ك	أ	ذ	ك	ر	ع	ط	ة	ح	ذ	ب	ا	آ
ي	ي	ذ	ع	ة	ف	ش	ب	ك	ر	م	ة	ج	ز
ى	ب	ت	ع	ش	ة	ؤ	ة	غ	ا	إ	ع	أ	ه
و	س	ح	أ	غ	ا	ع	ر	ك	خ	غ	د	ش	ر
ز	ث	غ	ج	ر	ق	ب	ض	ح	ض	و	ط	ع	ة
ن	ق	ن	ب	ع	ج	م	ح	ك	ن	ظ	م	ل	و
ب	ر	ب	س	ش	ب	و	ح	د	ي	ق	ة	ا	ز
ش	و	ض	ت	ب	ف	ي	ح	ك	ر	ا	ج	ل	إ
ؤ	ا	ش	ا	ر	ش	ؤ	ك	ة	ئ	س	م	ن	ف
ض	ق	ج	ن	ج	ج	د	ث	ق	ؤ	ع	ز	ا	س
ت	خ	ر	ط	و	م	ق	ع	د	ح	ن	ح	ر	و
إ	ن	ة	ا	ل	ت	ر	ا	م	ب	و	ل	ي	ن

أشعل النار
بوش
شجرة
مقعد
سياج
الأعشاب
زهرة
كراج
عشب
حديقة

بركة
أرجوحة
خرطوم
مجرفة
بستان
تربة
مصطبة
الترامبولين
رواق
كرمة

77 - Oceano

ط	و	ب	ط	خ	أ	م	ع	ب	ر	ا	ق	س	ظ
ظ	ة	ن	و	ت	م	ح	م	س	ل	ق	س	ح	ص
ح	ح	ك	ن	و	و	ا	ق	م	ت	إ	ذ	ث	ك
و	د	ع	ظ	ذ	ا	ر	د	ف	ش	خ	ى	ي	م
ت	و	ن	ش	ع	ج	و	ب	ج	ن	ف	س	إ	ض
ز	ل	ظ	ة	ن	ا	ج	ر	م	ل	ا	ل	ص	ئ
ط	ف	ت	ع	ل	ل	ق	د	ب	و	ل	ح	ا	ن
ك	ي	ج	ج	ر	ق	ط	ع	ر	آ	ط	ف	د	ص
ح	ن	ز	ع	إ	ك	ئ	ش	ي	ق	ح	ا	ر	ث
ؤ	ر	م	ا	غ	ي	ئ	س	ؤ	ى	ا	ة	ف	ع
ج	ل	ع	ص	ز	س	ر	ش	ر	ق	ل	ئ	ذ	ب
ح	ش	ظ	ف	ا	ط	ص	و	خ	س	ب	ض	ب	ا
ج	ع	ف	ة	ا	ي	د	ز	إ	ش	ة	ة	د	ن
ك	م	س	ن	ر	ح	ب	ل	ا	ل	ي	د	ن	ق

المد والجزر
قنديل البحر
أمواج
محار
سمك
أخطبوط
ملح
سلحفاة
عاصفة
قرش

الطحالب
تونة
حوت
قارب
جمبري
سرطان
المرجان
ثعبان
إسفنج
دولفين

78 - Profissões #1

م	م	ر	ض	س	م	ث	ى	ض	ط	ب	د	ق	ز
ح	ب	س	ف	ض	ب	م	ح	ا	م	ي	ذ	د	ر
ر	ع	ا	ل	م	ح	ا	ت	ب	ر	ف	ل	ك	ي
ر	ب	م	ص	ر	ف	ي	ك	ن	إ	ا	ق	ش	ؤ
ة	ذ	خ	ل	خ	ن	خ	إ	ع	ج	ح	ق	د	إ
ب	س	ر	ك	ظ	ا	ب	ي	و	ب	ع	ب	ص	إ
ى	ي	ا	س	م	ن	ع	ت	ا	ي	ا	غ	ي	ة
ش	ب	ئ	ط	ب	ي	ب	ب	ي	ط	ر	ي	ا	ؤ
ؤ	خ	ط	س	م	ل	ص	ا	ئ	غ	ز	ل	د	س
ع	ا	ز	ف	ا	ل	ب	ي	ا	ن	و	غ	ض	إ
ق	ث	ض	ي	ج	ي	و	ل	و	ج	ي	ظ	ث	م
ب	ح	ا	ر	ع	ل	م	ا	ل	ن	ف	س	ى	آ
ص	ر	ث	ر	ج	ا	ل	ا	ل	ا	ط	ف	ا	ء
ط	ث	ص	ز	ط	ة	ؤ	ح	و	و	ق	ح	ذ	ج

محرر
سفير
سباك
ممرض
جيولوجي
صائغ
بحار
عازف البيانو
علم النفس
طبيب بيطري

محامي
خياط
فنان
فلكي
مصرفي
رجال الاطفاء
صياد
رسام خرائط
عالم
راقصة

79 - Campeonato

ب ا ع ل أ إ آ ؤ خ ؤ ا ل ك ص
ص آ ب ؤ ت س ص ظ ة ئ ل ا ا ح
غ م ة ظ م ت غ ل ص و ق ف ر ي
ف ر آ د ئ ر ذ ى ي ي ا ض آ غ
ي ر و د ل ا م ا ئ ؤ ض ذ ن م
د س ض ض خ ت م آ ف ز ي م ب ؤ
ا ر ز و ف ي س ث ج ش ب ل ط ب
ز آ م ث د ج ا ث إ م ن غ و ا
ص ص ن ا ا ي ب ى ع ف ا د ل ا
د ص ل ق ل ة ق ؤ د م ظ ن ة ك
ظ ي ز ف أ ت ة ح د ش ه إ و ق
ة ط آ ث د ص و ر ظ ا ق ي ر ف
ص خ آ ش ا ل ب ى ئ ى ر خ ك ؤ
ل م ط ب ء آ ص ي ت ا ض ا ي ر

رياضات

الدوري
ميدالية
الدافع

80 - Castelos

إ	ل	خ	ز	ب	ح	ا	ئ	ط	ت	ى	ظ	ز	ا
ق	ز	ز	خ	ن	د	ق	ز	ى	ا	ط	خ	ذ	ل
ظ	ن	ش	ل	و	ز	إ	ف	ظ	ج	ت	ك	ك	م
ت	ت	ى	ظ	ك	إ	ا	ل	م	م	ل	ك	ة	ن
ت	ش	ذ	ي	و	ى	ة	ن	آ	ع	خ	ق	ى	ج
ش	ك	ر	إ	ة	ؤ	ك	ئ	ة	ت	ذ	إ	ق	ن
و	ص	ش	ا	ا	ص	ذ	ت	ص	ح	ج	ق	ب	ي
ح	ض	ا	ف	ق	ل	أ	م	ي	ر	ة	ط	ر	ق
ب	س	ل	ا	ل	ة	ن	ز	ن	ق	ح	ا	ج	ط
ئ	ي	د	ر	ع	ظ	إ	ب	ا	ى	خ	ع	م	س
خ	ف	ر	س	ت	ن	ي	ن	ي	ؤ	ذ	ي	ح	و
ط	ذ	ة	إ	ي	ي	ق	ئ	ق	ل	أ	م	ي	ر
ش	ز	ج	و	ل	ك	ش	ع	ح	ص	ا	ن	س	ل
إ	م	ب	ر	ا	ط	و	ر	ي	ة	ر	ؤ	غ	و

درع
المنجنيق
فارس
حصان
تاج
سلالة
تنين
سيف
إقطاعي
خندق

إمبراطورية
زنزانة
النبيل
قصر
حائط
أميرة
أمير
المملكة
برج

81 - Escola # 2

س	ؤ	م	ز	ا	و	ل	ل	ا	ز	س	ش	و	م
ن	ث	إ	م	ل	ع	ش	ى	ر	ح	ف	د	د	ن
و	ل	ع	ح	ح	ط	ف	ئ	و	ق	و	ر	ؤ	ل
ض	ض	ئ	ش	ا	ب	ص	ق	م	ي	س	ت	ة	ى
و	ذ	ز	ع	س	ت	ظ	ة	إ	ب	ا	ع	ل	أ
ر	د	ع	ا	و	ق	ح	ط	ك	ة	ر	س	ض	ن
ق	س	ع	ت	ب	و	س	ي	غ	ظ	آ	ظ	ق	ش
ت	ا	ي	ض	ا	ي	ر	ل	ا	ه	ت	ا	ا	ط
ق	ق	س	خ	إ	م	آ	غ	م	ر	م	ك	ل	ة
ز	ل	ي	م	ي	د	ا	ك	أ	و	ل	غ	ك	ل
ز	م	م	ي	ل	ع	ت	ص	س	ق	ظ	ا	ت	خ
إ	ش	ئ	آ	ص	ب	ؤ	ئ	أ	ذ	ض	ظ	ب	ق
ف	ط	ة	إ	ة	إ	ق	ئ	د	ر	ي	ظ	ا	آ
ش	ث	خ	ض	ي	غ	خ	د	ب	ة	ء	ا	ر	ق

قلم
قراءة
أدب
الكتب
الرياضيات
حقيبة ظهر
ورق
مدرس
اللوازم
مقص

أكاديمي
أنشطة
مكتبة
تقويم
علم
الحاسوب
قاموس
تعليم
قواعد
ألعاب

82 - Abelhas

ل	ن	غ	و	د	خ	ا	ن	م	أ	ج	ن	ح	ة
ق	ذ	ل	ل	آ	ل	ل	ر	ف	ا	ك	ه	ة	ا
ا	ش	ف	ث	ئ	ي	ز	ؤ	ي	ل	إ	ز	س	ل
ح	م	م	ي	ة	ة	ه	ن	د	ن	ة	ظ	ش	م
ق	س	ل	آ	ذ	ؤ	و	ب	ب	ظ	ك	ذ	ي	و
ض	ك	ص	ك	ش	س	ر	ب	ة	ا	ث	ئ	ل	ئ
ح	ت	ح	ق	ة	ق	ج	خ	ؤ	م	ت	ق	ص	ل
ح	ع	س	ل	ن	غ	ش	غ	ط	ا	ن	ا	ة	ش
د	ئ	ة	ئ	ض	آ	ئ	ؤ	خ	ل	و	ي	ت	ص
ي	ف	ف	ئ	ل	ق	ئ	إ	ض	ب	ع	د	ز	د
ق	ة	ج	ؤ	آ	ز	ق	ت	ك	ي	ح	ش	ر	ة
ة	ط	خ	ي	ق	ث	ه	ى	ظ	ئ	م	م	ن	ص
ق	ق	ع	ز	م	ز	ض	ر	ك	ي	و	ع	ت	ب
إ	ط	ؤ	و	ح	ب	ط	إ	آ	ظ	ك	ب	ف	ا

أجنحة
مفيد
شمع
خلية
تنوع
النظام البيئي
سرب
زهر
الزهور
فاكهة

دخان
الموئل
حشرة
حديقة
عسل
نباتات
لقاح
ملكة
شمس

83 - Banheiro

ي	ق	ز	غ	ش	د	ة	م	ر	آ	ة	ظ	ن	ك
ل	ش	ذ	س	ل	إ	ف	إ	ذ	ت	ف	غ	ي	ع
ص	ا	ب	و	ن	إ	ر	ظ	ل	ح	ب	خ	ا	ر
ن	م	ث	ل	و	ذ	م	ض	ي	م	ر	ح	ا	ض
ب	ب	ذ	ش	خ	ظ	ة	ا	ق	ا	ق	ف	ش	ز
و	و	ئ	ي	إ	ا	ط	ن	س	م	س	ص	ش	ط
ر	ض	س	ي	س	ح	د	ف	ج	ا	ة	ز	ش	ح
ج	و	ى	ط	ف	ذ	غ	ش	ا	ء	ط	ن	ز	ذ
ر	ف	غ	ئ	ن	ق	ى	و	د	آ	ث	ئ	ف	ؤ
ل	ل	ب	غ	ج	ر	ا	ح	ة	ى	ص	ذ	ع	ة
ب	ئ	غ	ة	ا	ت	آ	ع	ك	ى	ط	ئ	ئ	و
ؤ	ي	ذ	م	ج	ل	ؤ	ط	ا	ك	ئ	ع	ق	ح
ر	ق	ق	ل	ط	ب	س	ر	ي	ت	ذ	ج	آ	ش
م	ن	ش	ف	ة	ح	ع	ؤ	ض	م	ل	غ	ع	ب

ماء
مرحاض
حمام
فقاعات
دش
مرآة
إسفنج
غسول

عطر
صابون
سجادة
مقص
منشفة
صنبور
بخار
شامبو

84 - Ciência

ا	ا	ل	م	ر	ا	ق	ب	ة	خ	ق	ج	ئ	م
ا	ل	م	ح	ع	ض	ل	ؤ	م	و	ص	ز	ذ	ل
ل	د	ف	ق	م	خ	ت	ب	ر	ط	ب	ي	ع	ة
م	ة	ز	ي	ث	م	ح	ى	ي	م	ي	ئ	خ	ف
ع	ة	ر	ق	ز	م	ن	ا	خ	ا	إ	ا	آ	ل
ا	ن	ن	ة	ي	ي	ح	آ	ص	ل	ن	ت	ت	ض
د	ت	ة	ح	ظ	د	ا	ج	ي	ج	ب	ا	ذ	ي
ن	ط	ف	ف	ؤ	س	ق	ء	ا	س	ا	ث	ت	ت
ل	و	ط	ر	ي	ق	ة	م	ئ	ي	ت	ب	ج	ز
ى	ر	ز	ي	ض	ص	ب	ض	ة	م	ا	ظ	ر	س
ي	ذ	ر	ة	ة	ي	م	ص	ح	ا	ت	ش	ب	س
ق	م	ل	ض	ز	ن	ة	ق	آ	ت	س	ت	ة	ى
ث	ت	خ	ج	ؤ	ص	ذ	غ	ص	ع	ا	ل	م	ظ
ص	ن	ش	ض	ؤ	ج	ا	ذ	ب	ي	ة	ج	ع	ع

ذرة
عالم
مناخ
البيانات
تطور
تجربة
حقيقة
الفيزياء
حفرية
جاذبية

فرضية
مختبر
طريقة
المعادن
جزيئات
طبيعة
المراقبة
الجسيمات
نباتات

85 - Cores

ف	و	ر	د	ي	خ	و	م	ؤ	خ	أ	ص	ف	ر
ئ	و	ة	ش	ع	ب	ى	إ	خ	ك	ب	ز	آ	ئ
ب	ف	ش	ا	س	و	ر	ع	ص	ص	ي	ل	ر	ئ
ر	ب	ن	ي	د	ا	ك	ن	أ	خ	ض	ر	أ	ق
ت	م	غ	ع	ا	ب	ن	ي	س	ط	ط	م	ر	ر
ق	س	ا	ض	خ	ي	د	ق	و	ب	غ	ي	ج	م
ا	م	ف	د	غ	ج	ؤ	ظ	د	ن	ج	ئ	و	ز
ل	ي	ن	ص	ي	أ	ص	ذ	ط	ن	غ	ة	ا	ي
ي	ي	ؤ	د	ص	ح	ا	ش	آ	د	ح	د	ن	ش
ا	ز	ر	ق	س	م	ا	و	ي	ب	ن	ش	ي	ع
خ	ة	ظ	ز	ح	ر	غ	ئ	ع	ن	ق	ة	ن	د
ع	و	غ	د	ق	ض	د	ض	ي	ف	ؤ	ي	ذ	خ
م	ئ	ح	ك	ك	و	ج	ت	د	س	ف	ؤ	ض	ض
و	ى	ض	و	ر	ض	ق	ب	س	ج	ف	ذ	ظ	ا

أصفر
أزرق
بيج
أبيض
قرمزي
ازرق سماوي
رمادي
فوشيا
برتقالي

بني
أسود
وردي
أرجواني
بني داكن
أخضر
أحمر
بنفسج

86 - Comida #1

ع	ح	ل	ي	ب	ص	ل	ئ	ث	ز	ئ	آ	ك	ى
ص	ش	ع	ي	ر	ق	ك	ل	ت	ح	ح	ذ	ث	ج
ي	س	إ	ن	م	ت	ش	ز	ح	س	ا	ء	ش	ز
ر	م	م	ؤ	ل	و	ي	ب	ث	ر	ل	م	و	ظ
ر	ش	ة	ى	ح	ن	ن	غ	غ	ة	س	س	ق	س
ر	خ	ي	ا	ر	ة	و	ع	آ	آ	ك	و	ر	ذ
ي	ز	إ	ك	ط	ش	ث	ذ	ج	ب	ر	ل	ف	ت
ح	ش	ك	ت	ل	ق	ع	ت	ط	ج	س	س	ة	ص
ا	ى	ئ	ي	ج	ث	ز	ر	ك	ئ	ز	ل	ر	ج
ن	ز	ز	ت	ص	ث	ل	إ	ث	ت	ة	ر	ط	ش
ة	ح	ش	آ	ت	و	ك	ف	ط	إ	ك	ص	د	ة
س	غ	ش	ش	ي	م	ش	م	ش	ج	ض	و	ل	ن
ف	ر	ا	و	ل	ة	س	ب	ا	ن	خ	ل	ظ	ذ
ف	ن	ظ	ط	و	ف	ك	ي	ك	ى	ض	ق	ر	ق

حليب
ليمون
ريحان
فراولة
لفت
خيار
ملح
سلطة
حساء
عصير

السكر
ثوم
تونة
كيك
قرفة
بصل
جزر
شعير
مشمش
سبانخ

87 - Pássaros

د	ر	ا	ل	و	ق	و	ا	ق	ي	ش	م	ط	غ
ب	ع	ل	ؤ	ا	ل	ب	ج	ع	ا	ك	غ	و	ظ
ط	ق	ل	و	ل	ل	آ	ؤ	ر	إ	ق	ظ	ق	ة
ة	ظ	ق	ع	ب	ص	ط	و	ؤ	ب	ب	غ	ا	ء
د	ر	ل	ر	ط	ن	ث	ا	إ	س	ي	و	ن	إ
ة	ج	ق	س	ر	ز	آ	ف	و	ق	ض	ر	ق	ز
ظ	و	ا	ه	ي	ر	و	ن	ز	و	ة	ش	خ	ش
ى	س	د	ج	ق	ش	ؤ	ح	ع	ث	س	ك	ب	ؤ
ذ	ق	ن	ع	ا	م	ة	ا	ح	م	ا	م	ة	ق
ف	خ	غ	ؤ	ز	ش	ب	م	ش	آ	ذ	ن	ت	ج
ث	ا	ك	ر	ش	س	ج	ر	ن	إ	ر	و	س	ذ
ق	ض	ع	ذ	ا	غ	ع	ع	ص	ف	و	ر	ط	ط
ا	إ	ص	ي	ظ	ب	ة	ى	ا	م	ن	س	ر	د
ة	ب	ن	ي	ف	ث	ؤ	ة	ى	ف	ك	ل	خ	ع

نعامة
نسر
اللقلق
بجعة
غراب
الوقواق
نحام
دجاج
نورس
إوز

هيرون
بيضة
ببغاء
عصفور
بطة
الطاووس
البجع
البطريق
حمامة
طوقان

88 - Virtudes #1

ح	ف	ع	ا	ل	ة	ذ	ا	خ	ح	ؤ	م	ف	د
س	ك	ق	ر	ل	ق	ك	ن	ب	ص	إ	ت	إ	ع
ن	ظ	ي	ف	خ	خ	ي	ك	ف	ن	ي	و	ب	ا
ز	ك	ع	م	ل	ي	ي	ل	ض	س	ئ	ا	ة	ط
ز	ع	خ	ض	ك	ف	ص	ا	و	آ	ج	ض	ي	ف
ث	ب	س	ح	ا	س	م	ت	ل	ن	ل	ع	ص	ي
م	ا	ي	ك	و	ص	ؤ	غ	ي	ئ	ي	ح	ر	ن
خ	س	ة	ذ	ص	ب	ح	إ	ح	ع	ط	ز	ت	إ
ت	إ	ت	ص	ف	و	ق	ة	ل	ق	ش	س	ف	ؤ
ص	ت	ث	ق	ك	ر	ي	م	م	ف	ي	د	إ	آ
س	ح	ؤ	خ	ل	ز	ف	ح	س	ا	ح	ر	آ	ذ
د	و	خ	ب	ظ	ا	ف	ت	ش	ئ	ح	ق	ح	ب
ن	آ	ى	و	ل	آ	ى	م	ط	ق	ة	ب	ظ	ح
ذ	ض	و	ا	ل	ة	خ	غ	م	د	ب	ي	ك	ف

الخيال
مستقل
ذكي
نظيف
متواضع
صبور
عملي
حكيم
مفيد

عاطفي
فني
حسن
فضولي
حاسم
فعالة
ساحر
مضحك
كريم

89 - Literatura

ث	ا	د	ن	ر	أ	ي	ق	ة	ق	خ	إ	إ	ف
د	آ	ت	ا	و	خ	س	إ	د	ؤ	ي	ن	ي	ك
ج	و	ح	و	ا	ر	ؤ	ة	ع	ف	ا	و	ص	ف
ئ	ا	ل	ق	ي	ا	س	ش	و	ص	ل	ض	ا	ح
ق	ص	ي	د	ة	م	ق	ا	ر	ن	ة	ظ	س	ك
م	و	ل	ا	ش	ؤ	ط	ع	ئ	ى	م	ئ	ت	ا
و	ؤ	ا	س	ت	ع	ا	ر	ة	ص	ق	ط	ن	ي
ز	و	ل	و	ق	ح	ؤ	ي	آ	ر	س	ؤ	ت	ة
ة	ث	ر	ف	ط	ق	غ	م	ر	ث	ح	غ	ا	ز
د	ص	ا	ب	ل	ى	ت	و	غ	ؤ	ج	ؤ	ج	ف
ك	ط	و	ل	ر	ت	ى	ض	ق	ا	ف	ي	ة	خ
إ	إ	ي	ق	ا	ع	إ	و	م	أ	س	ا	ة	ج
ا	ح	ا	ش	ز	إ	ر	ع	ص	ر	خ	ق	آ	خ
إ	ث	ا	ح	ق	م	ط	خ	و	ج	ك	ا	ئ	ؤ

استعارة
الراوي
رأي
قصيدة
شاعري
قافية
إيقاع
رواية
موضوع
مأساة

القياس
تحليل
حكاية
مؤلف
مقارنة
استنتاج
وصف
حوار
نمط
خيال

90 - Clima

د	ا	ل	ث	ش	م	ث	ر	ط	ع	د	د	ي	ذ
ص	ل	س	م	ا	ء	ق	و	س	ق	ز	ح	ر	ب
ف	ض	خ	ت	ى	إ	ر	ط	ب	آ	غ	ح	آ	ق
ك	ب	د	ر	و	ن	ع	ص	ب	م	ن	ا	خ	ن
ز	ا	ر	ب	ظ	ا	ؤ	ص	ح	ي	ه	ق	ح	س
ي	ب	ج	ف	ا	ف	ئ	ذ	ا	ل	د	ز	ف	ي
ظ	ط	ة	ئ	ي	ظ	غ	ي	آ	ر	و	ذ	ع	م
ط	ج	ا	ش	ل	ذ	ة	ع	ت	ر	ء	ق	ا	ك
ض	ج	ل	ي	د	ؤ	آ	ض	آ	ع	ر	و	ص	ض
ج	س	ح	ا	ب	ة	ب	ر	ق	ر	ي	ط	ف	خ
ا	ل	ر	ع	د	ث	ى	ظ	ج	ش	ح	ع	ة	ة
ف	ذ	ا	س	ث	ق	ز	ل	ك	ك	ب	ن	ج	ض
م	ث	ر	ا	ل	غ	ل	ا	ف	ا	ل	ج	و	ي
ح	ذ	ة	ق	د	آ	ز	ذ	ة	ز	ؤ	ب	غ	إ

برق
جفاف
جاف
درجة الحرارة
عاصفة
إعصار
استوائي
الرعد
رطب
ريح

قوس قزح
الغلاف الجوي
نسيم
هدوء
سماء
مناخ
جليد
الضباب
سحابة
قطبي

91 - Tecnologia

ا	ل	إ	ح	ص	ا	ء	ر	س	ا	ل	ة	ق	و
ر	ف	ن	ا	ث	ؤ	ت	ق	ن	ش	ا	ش	ة	ظ
غ	ئ	ت	ذ	ل	ج	ح	م	ذ	ئ	ل	ق	ج	خ
غ	د	ر	ر	ك	م	ح	ي	خ	م	ح	ع	غ	ف
أ	م	ن	د	ا	ا	ؤ	ث	ط	ذ	ا	ن	ة	ؤ
ص	ظ	ت	م	ل	ض	م	ش	ح	ئ	س	و	ش	ئ
ز	ص	ؤ	د	م	م	ي	ي	ر	ت	و	ع	ن	ا
ئ	ق	ز	و	ت	ل	ذ	ة	ر	ت	ب	ن	ج	ش
ر	ش	ي	ن	ص	ف	ط	ج	ك	ا	ر	ح	ل	م
ض	ا	إ	ة	ف	ي	ر	و	س	ح	م	ؤ	ى	ش
ب	ط	ح	آ	ح	إ	م	و	م	غ	ج	ك	ب	ع
ا	ش	ع	ن	ض	ب	ة	ا	ق	س	ي	ف	ع	ع
ي	ح	م	ظ	ط	ح	ا	ل	ب	ي	ا	ن	ا	ت
ت	ب	ز	س	ط	ث	ئ	إ	ص	م	ت	و	ذ	ش

ملف
مدونة
بايت
كاميرا
الحاسوب
المؤشر
البيانات
رقمي
الإحصاء
خط

إنترنت
رسالة
المتصفح
بحث
أمن
برمجيات
شاشة
افتراضية
فيروس

92 - Arte

م	ز	ا	ج	ف	ظ	س	ت	ك	و	ي	ن	ا	ص
و	ش	غ	ز	د	ص	إ	و	ق	ئ	ب	ض	ل	ا
ض	ا	ل	س	ر	ي	ا	ل	ي	ة	ص	م	ش	د
و	د	ل	و	ح	ا	ت	و	م	ح	ر	ة	ك	ق
ع	ل	ل	ن	ي	ث	ش	ة	س	ذ	ي	م	ل	ح
ظ	ص	إ	ك	ح	م	ى	ع	ي	ز	ر	ئ	ط	خ
د	ب	ا	خ	ي	ت	ب	ة	ر	ر	ب	م	ا	ت
ا	ف	ا	ئ	ى	غ	آ	ط	ا	ة	ج	ط	ا	ظ
ز	د	ظ	ل	ب	ى	ن	ط	م	ر	ك	ب	خ	ئ
س	ر	م	ز	ت	ى	ئ	ك	ي	ا	ض	أ	ن	ز
خ	ن	م	ى	ص	ع	و	خ	ك	ش	خ	ص	ي	ا
خ	ص	م	ب	و	ت	ب	س	ي	ط	ح	ل	و	خ
و	م	ظ	ن	ي	ج	س	ي	خ	خ	س	ي	د	ر
ب	ف	ى	ص	ر	ة	ط	ط	ر	ر	ع	ا	ض	ظ

سيراميك
مركب
تكوين
النحت
التعبير
الشكل
صادق
مزاج
ربما
أصلي
شخصي
لوحات
شعر
تصوير
بسيط
رمز
موضوع
السريالية
بصري

93 - Dinossauros

ص	ث	ذ	غ	ز	ظ	ك	ظ	خ	آ	غ	ئ	ح	إ
ل	ن	ك	ي	ل	ؤ	ص	ز	ض	ك	ا	ج	ؤ	ؤ
ض	آ	ب	ع	ل	ؤ	ج	ت	ع	ل	ش	ح	ن	ع
ق	و	ي	ح	ح	ض	و	ظ	خ	ة	ت	ى	ا	و
ب	ص	ر	غ	ج	خ	غ	ت	ع	ا	ص	ا	ل	غ
ل	ب	ع	ذ	ض	م	ذ	ة	ة	ل	أ	ش	م	ؤ
ا	ل	أ	ن	و	ا	ع	ف	ح	ل	ج	ج	ا	ي
ل	ش	ط	ر	ا	ب	ت	و	ر	ح	ن	ج	م	ن
ت	ظ	ئ	غ	ض	و	ط	إ	ف	و	ح	ط	و	ظ
ا	خ	ت	ف	ا	ء	و	ق	ف	م	ة	ت	ث	ت
ر	ئ	ر	ط	ئ	ن	ر	ك	ى	ز	د	ز	إ	ج
ي	ا	ل	ح	ف	ر	ي	ا	ت	ة	ا	ض	ؤ	ز
خ	ا	ل	ز	و	ا	ح	ف	ر	ي	س	ة	د	ق
ب	ى	ت	غ	غ	ق	ش	و	ف	غ	و	ح	ش	ي

أجنحة
ذيل
اختفاء
ضخم
الأنواع
تطور
الحفريات
كبير
الماموث

آكلة اللحوم
قوي
فريسة
قبل التاريخ
رابتور
الزواحف
بحجم
أرض
وحشي

94 - Esportes

آ	و	ت	ش	ث	ل	ت	ظ	ب	ع	ل	م	س	ؤ
ئ	خ	ب	ع	ا	ل	ن	ي	د	ذ	ذ	د	ة	م
ئ	ؤ	ط	ص	ح	ع	س	ذ	ذ	إ	إ	ر	ع	ظ
ف	ل	و	ج	س	ب	ص	ص	ب	م	ق	ب	ط	ط
ج	ر	ل	ذ	و	ه	ت	آ	د	ش	ق	ض	ل	ب
ث	ي	ة	ل	س	ل	ا	ة	ر	ك	ر	و	ن	ت
ع	ا	ج	ز	ئ	ا	ف	ل	ا	و	ن	غ	ف	ا
ل	ض	خ	و	ج	ز	ش	إ	ج	ا	ك	د	خ	ش
ن	ي	ك	و	ه	ذ	ى	س	ة	د	ظ	ث	ظ	ز
خ	ق	ي	ش	ة	ي	ن	د	ب	ة	ض	ا	ي	ر
ر	خ	ح	ك	إ	ج	ؤ	ع	ع	ط	ش	ز	ر	ف
ل	ك	ث	د	ى	س	ط	ن	ى	ظ	ة	ك	ر	ح
م	ش	آ	ى	ع	إ	غ	ك	ي	ق	م	ي	إ	ط
س	و	ر	ل	ب	ر	ط	ت	خ	ى	ق	و	ج	ر

رياضي
حكم
كرة السلة
بيسبول
دراجة
بطولة
فريق
ملعب
الفائز

رياضة بدنية
جولف
هوكي
لاعب
لعبه
حركة
تنس
مدرب

95 - Comida # 2

ل	س	ت	ق	ش	ف	م	خ	ؤ	س	إ	ث	ر	ف
ح	ا	ف	ئ	ع	ف	و	ق	م	ف	و	ش	ر	خ
م	أ	ا	ض	ث	ق	ز	ك	ح	ة	ب	ع	آ	و
ا	ر	ح	ؤ	ب	ز	و	ل	ب	ف	ش	ق	ئ	ع
ل	ز	و	ق	ر	خ	ط	ب	خ	ط	غ	ظ	ج	د
خ	ذ	ض	م	و	ؤ	م	ي	ج	ر	ذ	ل	ز	ج
ن	ش	ر	ح	ك	ب	ا	ض	ع	ؤ	ز	ص	ش	ا
ز	ن	ك	ب	ل	ي	ط	ة	ن	ب	ج	و	ث	ج
ي	ئ	ش	ا	ي	ح	م	ى	ب	ك	ك	ض	م	خ
ر	ق	ص	ذ	ب	ق	ة	ك	ؤ	و	ي	ة	د	ز
ت	ذ	ب	ن	ق	و	س	ك	ل	ث	و	ض	ؤ	ة
ط	ف	إ	ج	س	ض	ر	ا	خ	ة	ي	ذ	ن	ن
و	ي	د	ا	ب	ز	ت	خ	ق	ع	آ	ج	آ	ز
م	ئ	ل	ن	خ	ة	ئ	ع	ق	ة	ؤ	ي	ي	ج

خرشوف
لوز
أرز
موز
باذنجان
بروكلي
كرز
شوكولاتة
فطر
دجاج

زبادي
كيوي
تفاح
بيضة
سمك
لحم الخنزير
جبن
طماطم
قمح
عنب

96 - Barcos

ج	ف	ك	م	ب	ئ	ر	آ	ن	ة	ا	س	ر	م
ث	ل	ب	ح	ة	م	ج	ض	ل	ر	غ	ج	ط	و
ق	ف	ر	ي	ر	ب	ا	ت	إ	ى	ن	ي	ظ	ا
و	ي	ع	ط	م	ح	ض	ي	ص	ة	ش	خ	ل	ل
ى	ن	ك	ا	ي	ا	ك	ش	ك	ت	ش	ع	ى	م
ى	ط	ن	ق	ق	ر	ف	ج	س	س	ب	و	ك	د
ت	غ	ه	م	ز	ص	ش	ن	ن	ا	ز	ا	ز	ح
و	ص	ر	خ	م	ي	ط	ش	ر	ر	د	م	ل	ى
ة	ر	ي	ح	ب	ف	ط	ة	و	ي	ب	ة	ت	ي
آ	ى	ى	ح	ج	ا	و	م	أ	ة	غ	ذ	ؤ	خ
ز	ك	ر	ح	م	ا	ف	ش	ى	ى	و	ع	ب	ت
ل	ض	آ	ب	ي	ت	ظ	ف	ر	ك	م	ض	آ	خ
ط	غ	ط	ش	ش	ب	س	ع	ل	ك	ز	و	ف	ح
م	ش	ق	ر	و	ز	ل	ا	ث	ى	ق	ل	ى	د

بحر
المد
بحار
سارية
محرك
بحري
محيط
أمواج
نهر
طاقم

مرساة
العبارة
عوامة
كاياك
الزورق
حبل
رصيف
يخت
طوف
بحيرة

97 - Outono

ض	ت	ب	ح	ن	ت	ئ	ث	ذ	ا	ئ	ب	ص	إ
خ	ف	غ	ت	ف	م	ه	ر	ج	ا	ن	ح	ع	ا
ق	ا	ظ	د	ر	ج	ل	ج	ق	خ	ذ	ر	ع	ي
و	ح	ة	ش	ة	و	ي	ا	ر	ي	ذ	ا	ك	ى
ة	ك	م	ظ	ر	م	ع	ل	ب	ة	ة	ئ	ى	ى
ؤ	ب	غ	ك	ظ	ن	ز	ا	ل	س	ة	ق	ق	م
ة	ة	ى	آ	ز	ا	ب	ع	و	ب	س	ت	ا	ن
ق	ط	ك	ؤ	ز	خ	ى	ت	ط	س	ر	ذ	ل	ع
د	ظ	غ	ع	ن	خ	ؤ	د	خ	ؤ	ذ	ب	ك	ى
ا	ل	ش	ه	و	ر	ا	ا	ط	ق	س	خ	س	ر
ط	ب	ي	ع	ة	ش	ؤ	ل	ص	ى	ت	إ	ت	ى
غ	ز	ة	س	ز	ش	ؤ	ئ	ن	ق	ل	م	ن	إ
ى	ص	ر	آ	ث	م	م	و	س	م	ي	د	ا	ث
ث	خ	س	ى	ق	ن	ر	ص	م	خ	س	ع	ء	م

بلوط
الكستناء
مناخ
الاعتدال
مهرجان
صقيع
حرائق
تفاح
الشهور
هجرة
طبيعة
بستان
ملابس
موسمي
طقس

98 - Piratas

م إ س و ط ن ت ب ا ك ح ا ت و
غ ة ي ن د ع م ت ا ل م ع م ر
ا ك س ب ه ذ ح آ أ ص ل ش ج م
م ن ة و آ ف ي س ت ئ غ ا ز ر
ر ز ل ص ت ا ط ض م ق ا ط ي س
ة ى ا ل ص و آ ى ق ى خ ئ ر ا
ؤ خ ز ة ر إ ل ي إ ز ر ي ة ة
ض ك ك ة ظ س ط ع خ ط ي ق ذ ح
ت م س ن ي ف ز ة ط ز ط ط ذ ط
ص ع ة ء م ر غ ف ر غ ة ش إ ط
ي آ ع ص د ك ظ ذ ن و ط ة ل ب
ز ص ر ث م و إ ئ إ ش آ ف ن ط
ة م ز ب ك ة ذ ي و ف إ ل س ص
د ا ح غ غ ء ا غ ب ب ف ه ك غ

مغامرة
مرساة
بوصلة
كابتن
كهف
ندبة
سيف
جزيرة
أسطورة
خريطة

سيء
عملات معدنية
محيط
ذهب
ببغاء
خطر
شاطئ
رم
كنز
طاقم

99 - Mamíferos

ز	ب	ر	ل	ش	ع	ل	إ	غ	آ	ذ	خ	إ	ك
ر	ق	ب	ذ	ي	غ	ل	ب	م	ئ	ر	ح	ف	ن
ا	ز	ع	ج	و	ف	ث	ج	ب	ب	ر	و	ث	غ
ف	ج	ك	ل	ي	ف	ل	ا	خ	ك	ك	ت	غ	ر
ة	د	س	أ	ق	ج	ل	ق	ح	س	ل	ة	و	آ
ج	ض	ؤ	ط	ق	ب	ح	ص	ص	د	ب	ن	ر	أ
م	ب	ئ	ذ	ر	و	م	س	ا	و	س	ب	ي	ض
ل	ظ	ى	ا	د	ن	ا	م	ن	ل	ب	ص	ل	ح
ف	و	ر	خ	ل	م	ر	ص	ز	ف	ت	ة	ا	ؤ
ة	ي	ص	ظ	ض	ت	و	س	ل	ي	ئ	م	ش	و
ا	ض	س	ي	ن	ك	ح	ئ	ى	ن	ذ	ف	ة	خ
ر	ئ	ق	ي	خ	غ	ش	ع	ظ	ر	و	ز	ك	د
ش	ة	ر	ث	ة	خ	ي	ع	س	ح	ا	ع	ط	ب
آ	ذ	ث	ش	ي	ئ	ى	ؤ	ث	ن	ص	ج	ق	و

حوت
جمل
كنغر
سمور
حصان
كلب
أرنب
ذئب البراري
الفيل
قط

زرافة
دولفين
غوريلا
أسد
ذئب
قرد
خروف
فوكس
ثور
حمار وحشي

100 - Atividades e Lazer

ث	ق	إ	ج	ؤ	ر	ص	ظ	إ	س	د	ح	ؤ	ق
ز	ث	ج	غ	ت	خ	ي	ي	م	ب	س	ؤ	ط	م
ذ	ا	ل	ج	ى	ب	د	ب	ذ	ا	ت	ن	س	ذ
ا	ل	ه	و	ا	ي	ا	ت	ف	ق	ل	ل	و	ش
ذ	ل	ب	ل	ي	س	ل	ر	ى	ج	غ	س	خ	ض
ز	و	غ	ف	ط	ب	س	ن	ي	ذ	ت	ق	ف	ك
ب	ح	ش	و	ي	و	م	م	ل	ا	ك	م	ة	ر
س	ة	ث	د	ص	ل	ك	س	د	ر	ر	ذ	خ	ة
ت	ص	ف	ح	ك	س	ب	ا	ح	ة	ة	ص	ل	ا
ن	ا	ل	ا	س	ت	ر	خ	ا	ء	ا	آ	ش	ل
ة	ا	ع	ز	ق	ع	م	م	ظ	ض	ل	ى	ى	س
ح	إ	ض	ت	ئ	ط	ي	ص	ح	ئ	ق	ا	د	ل
خ	ع	ل	ي	ق	ي	د	ف	ح	ي	د	ث	ف	ة
خ	ك	ئ	ذ	م	إ	ي	ت	ح	ث	م	د	خ	ن

تخييم
فن
كرة السلة
بيسبول
ملاكمة
سباق
كرة القدم
جولف
الهوايات

بستنة
الغوص
سباحة
صيد السمك
اللوحة
الاسترخاء
تصفح
تنس
السفر

1 - Dirigindo

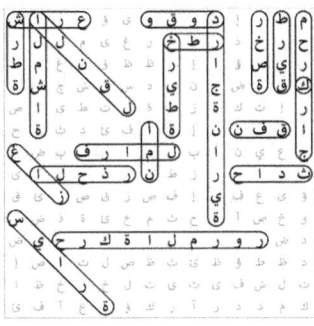

2 - Atividades

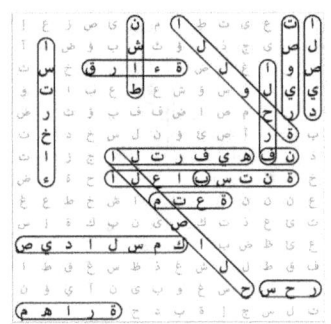

3 - Churrascos

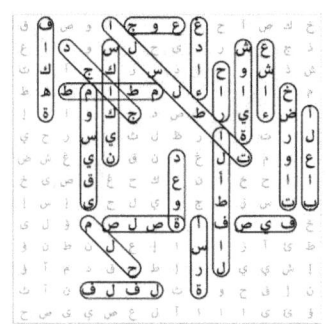

4 - Pesca

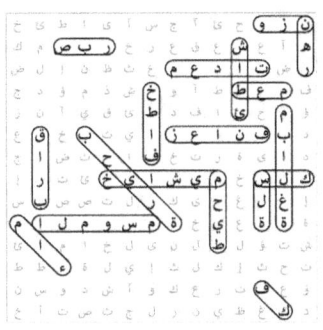

5 - Geologia

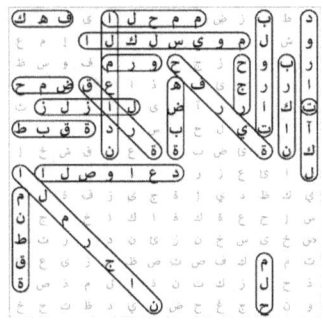

6 - Tempo

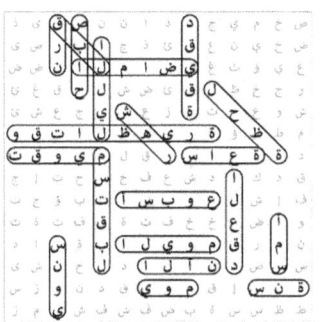

7 - Astronomia

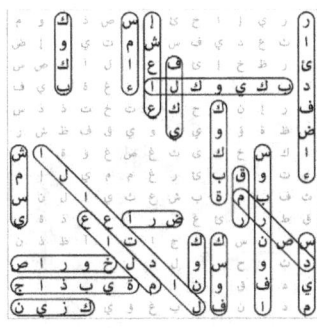

8 - Circo

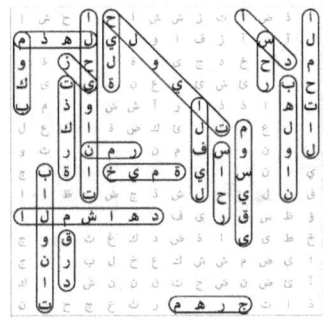

9 - Acampamento

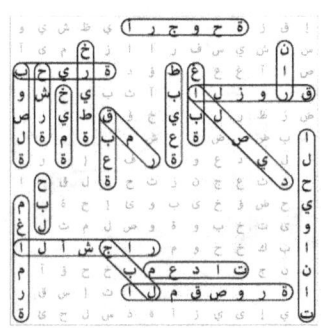

10 - Emoções

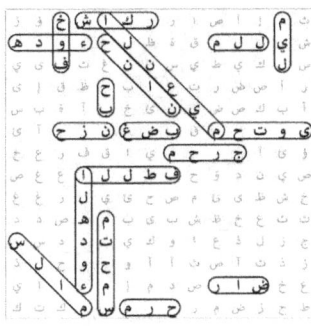

11 - Ficção Científica

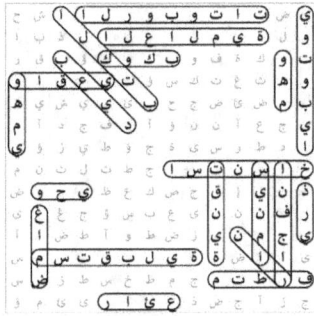

12 - Mitologia

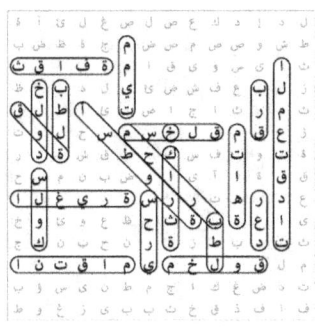

13 - Medições

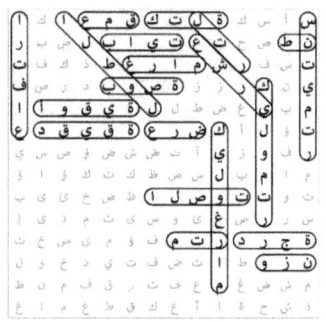

14 - Plantas

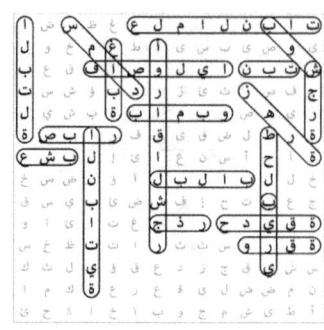

15 - Veículos

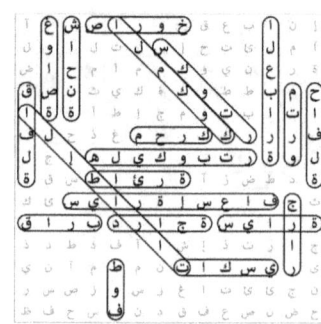

16 - Restaurante # 2

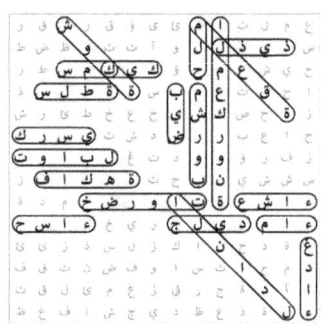

17 - Países #2

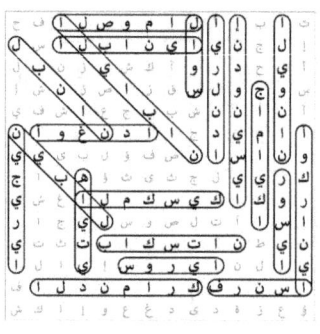

18 - Cozinha

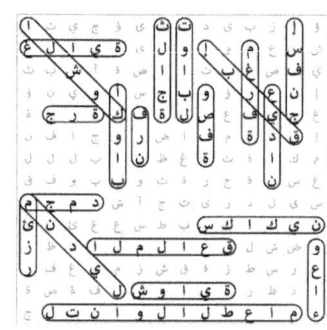

19 - Brinquedos

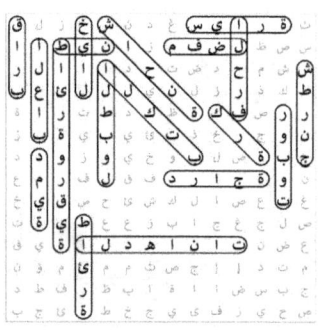

20 - Verão

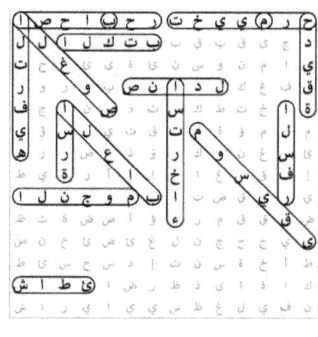

21 - Material de Arte

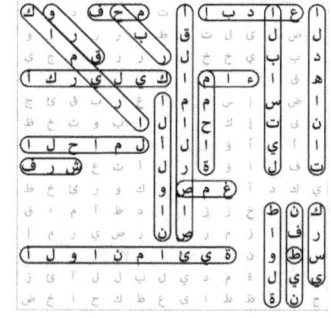

22 - Números

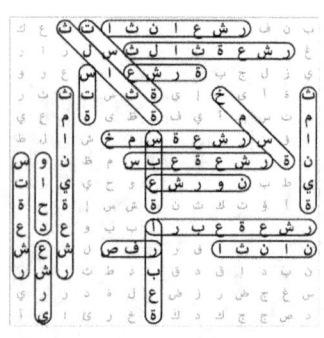

23 - Especiarias

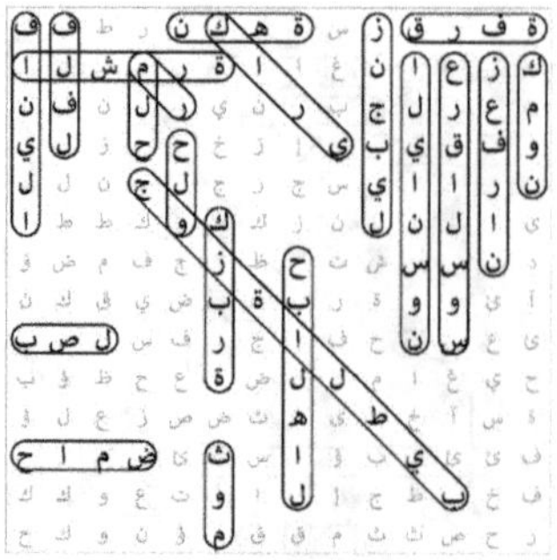

24 - Aniversário

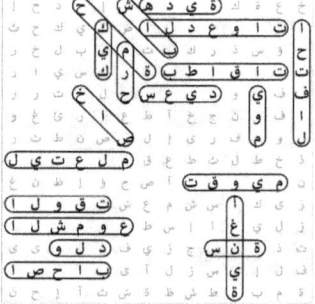

25 - Casa

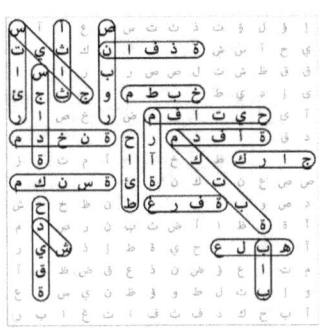

26 - Vegetais

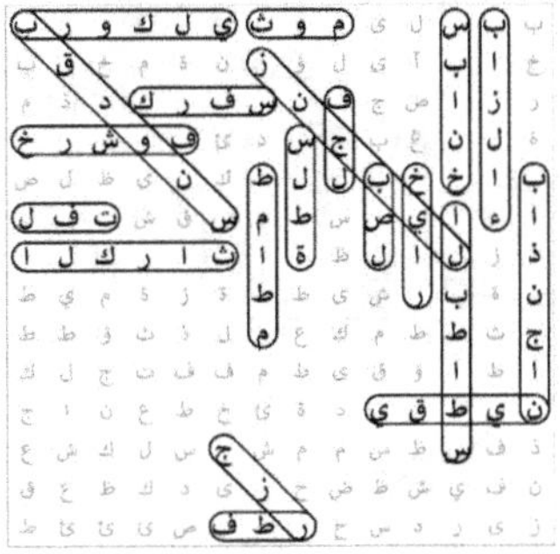

27 - Exploração

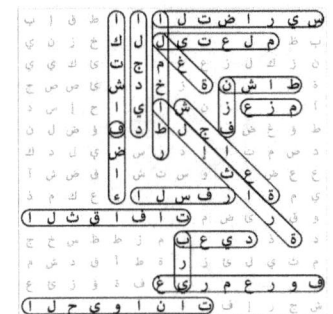

28 - Balé

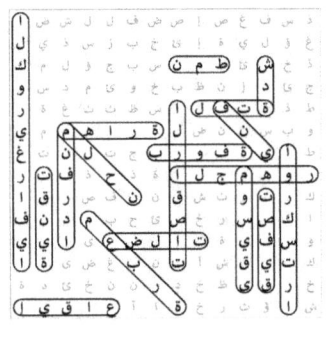

29 - Conservação

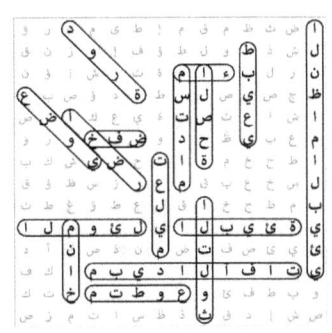

30 - Adjetivos #1

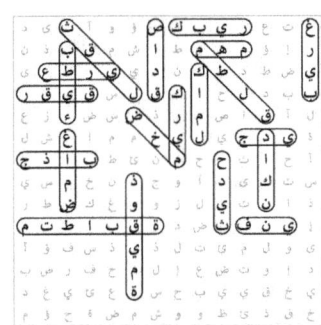

31 - Insetos

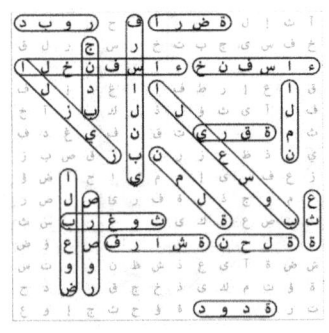

32 - Paisagens

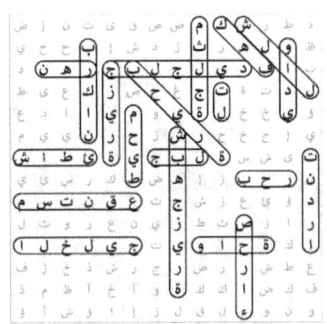

33 - Dança

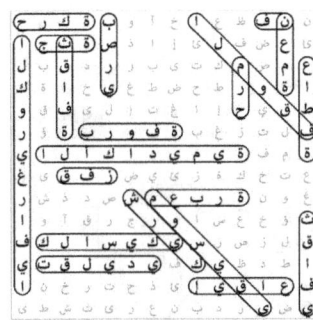

34 - Nutrição

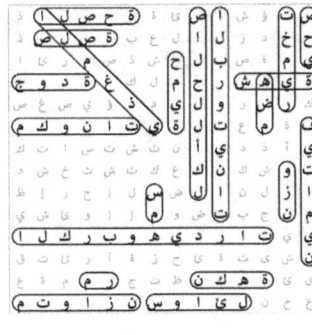

35 - Disciplinas Científicas

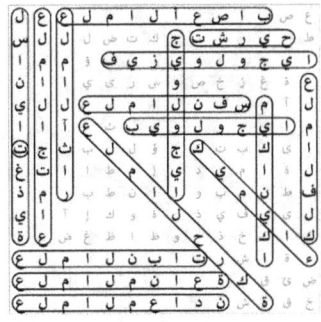

36 - Meditação

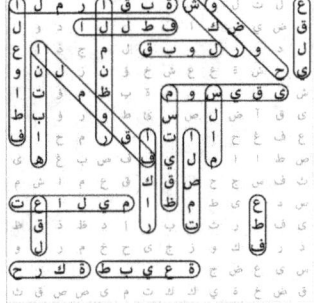

37 - Gatos

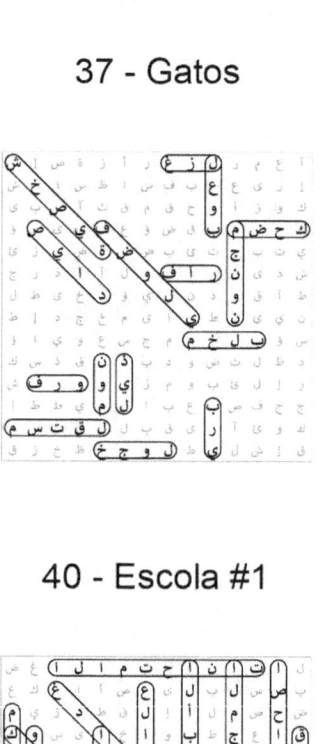

38 - Artes Visuais

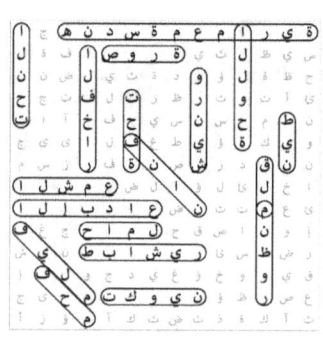

39 - Instrumentos Musicais

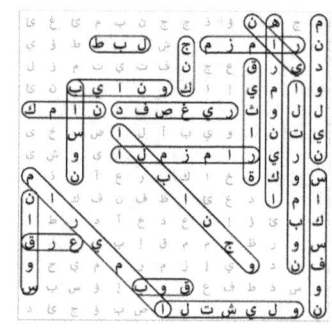

40 - Escola #1

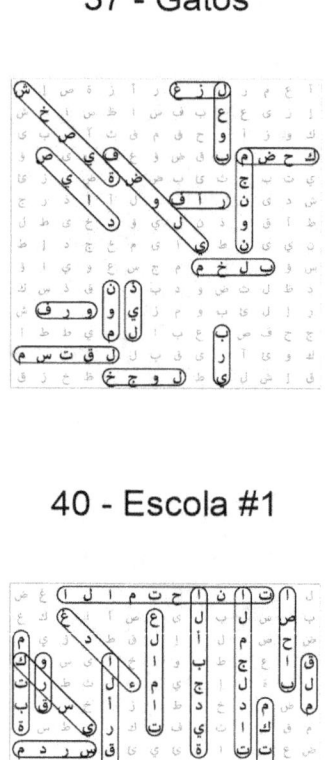

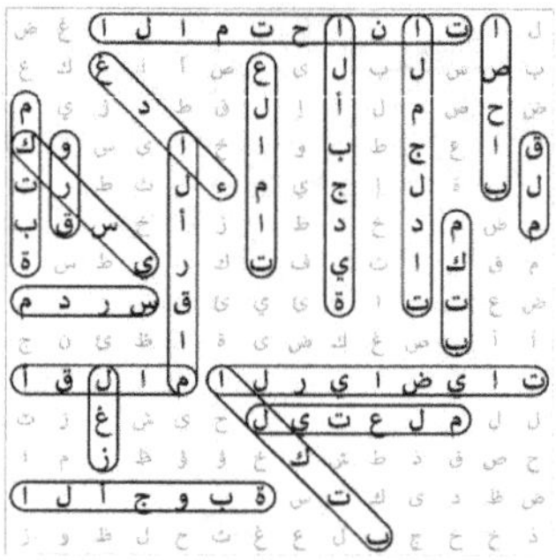

41 - Adjetivos #2

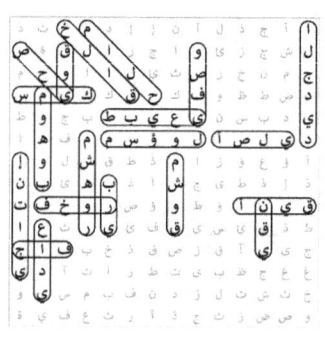

42 - Roupas

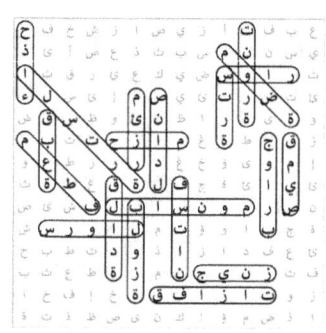

43 - Herbalismo

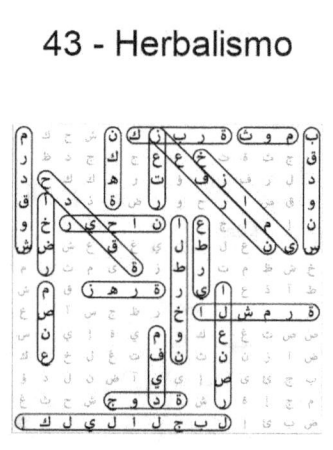

44 - Frutas

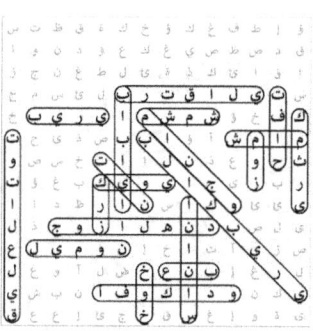

45 - Corpo Humano

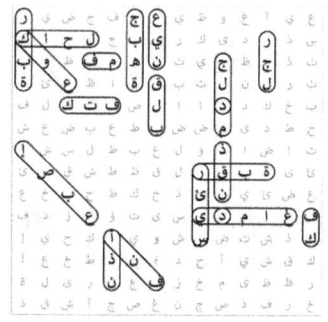

46 - Restaurante #1

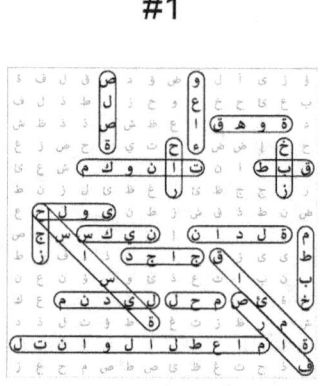

47 - Caminhada

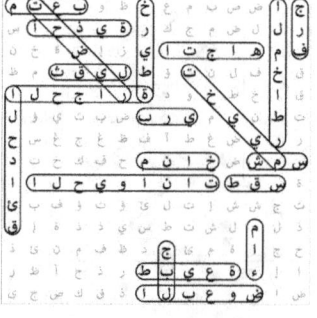

48 - Água

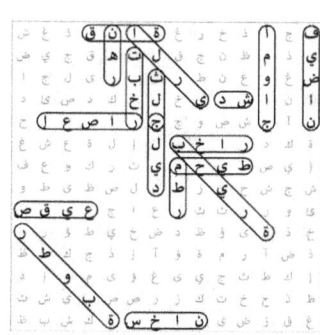

49 - Ecologia

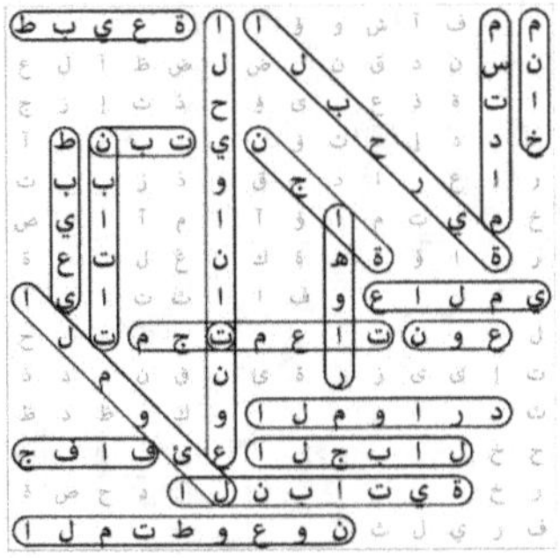

50 - Família

51 - Férias #2

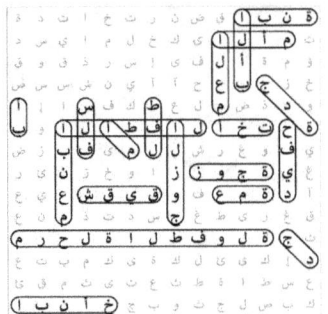

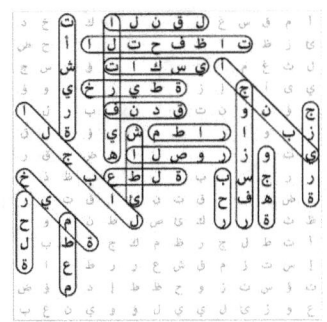

52 - Edifícios

53 - Praia

54 - Ferramentas de Cozinha

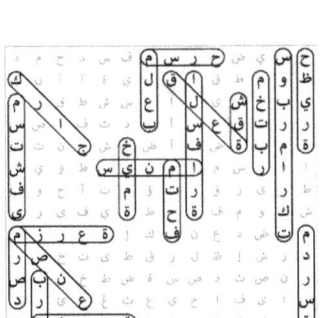

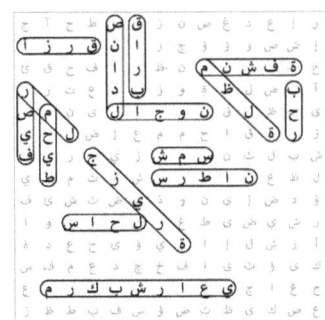

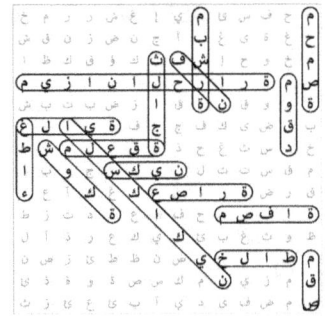

55 - Xadrez

56 - Aventura

57 - Floresta Tropical

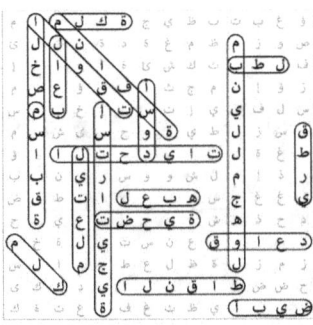

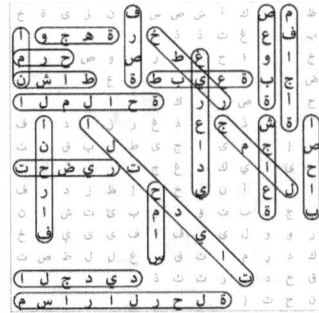

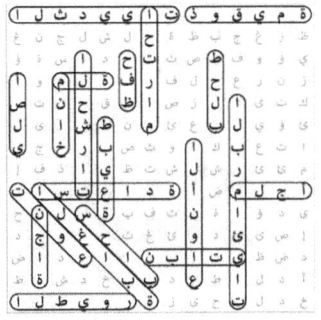

58 - Cidade

59 - Matemática

60 - Natureza

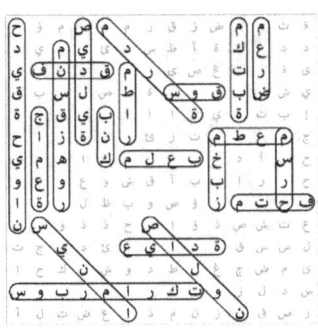

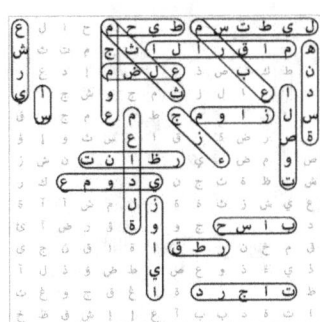

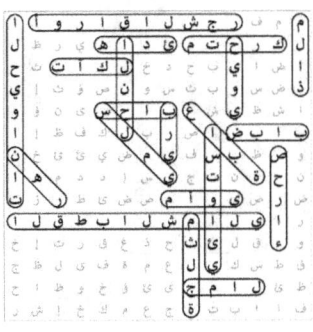

61 - Preencher

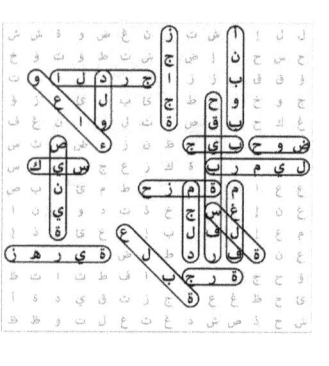

62 - Animais de Estimação

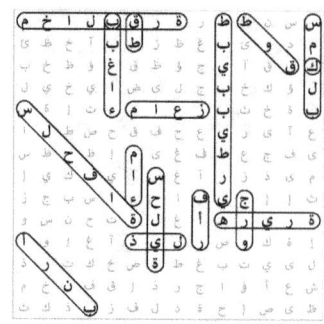

63 - Escalada

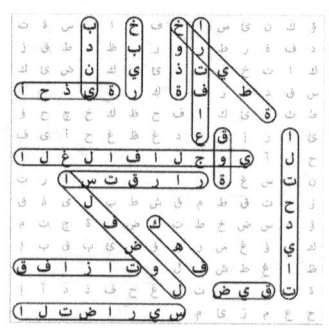

64 - Aviões

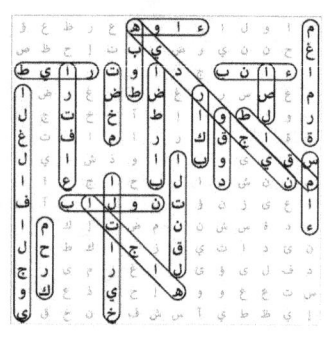

65 - Tipos de Cabelo

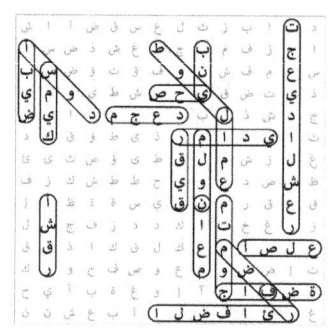

66 - Formas

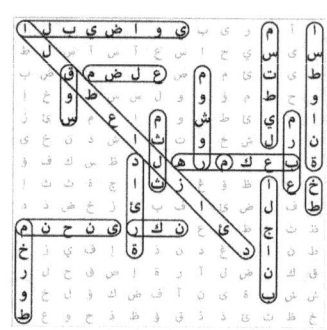

67 - Dias e Meses

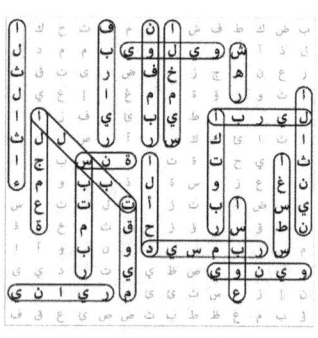

68 - Geografia

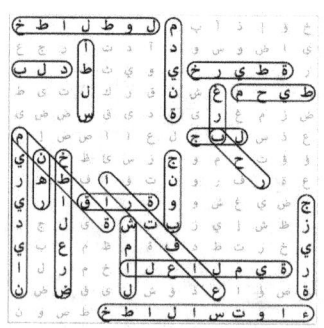

69 - Antártica

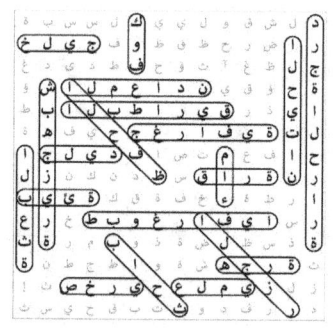

70 - Flores

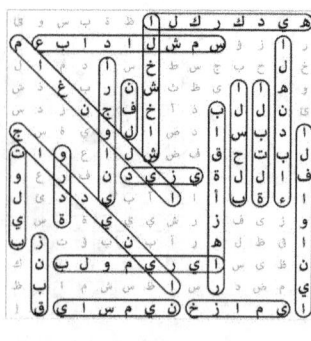

71 - Fazenda #1

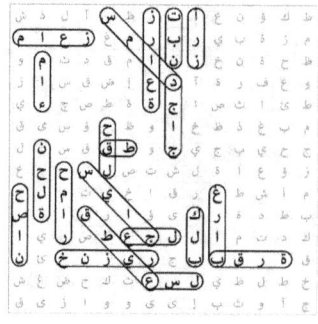

72 - Livros

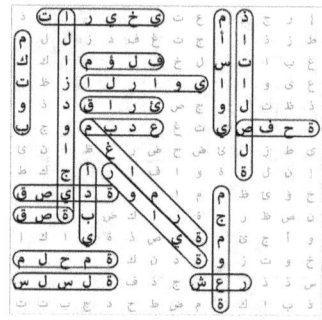

73 - Chocolate

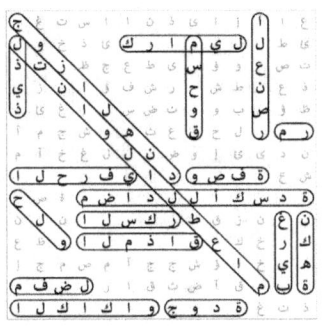

74 - Profissões #2

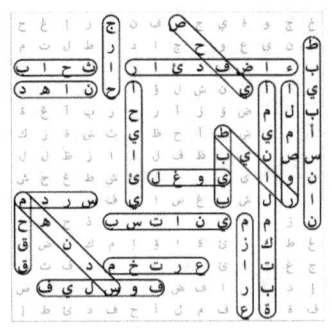

75 - Fazenda #2

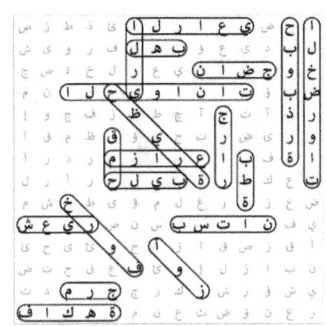

76 - Jardim

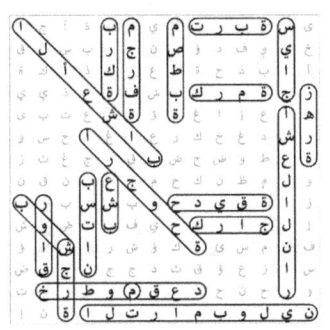

77 - Oceano

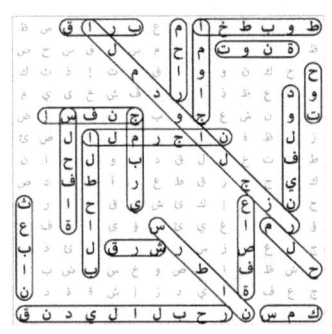

78 - Profissões #1

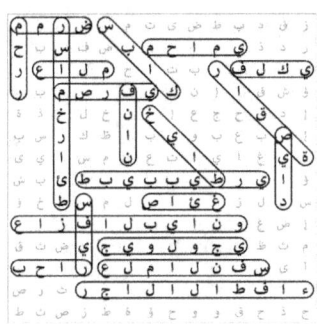

79 - Campeonato

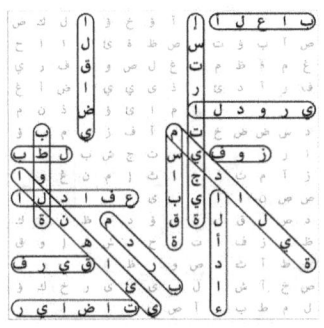

80 - Castelos

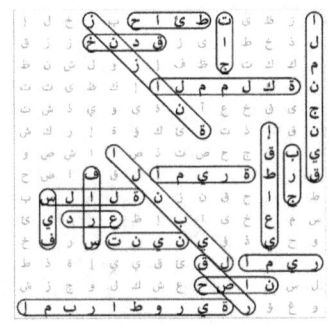

81 - Escola # 2

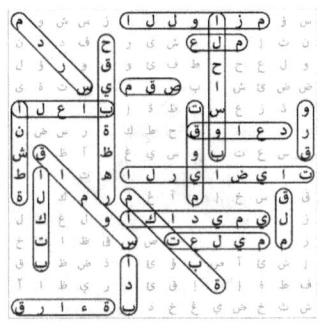

82 - Abelhas

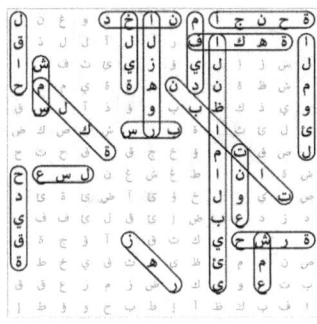

83 - Banheiro

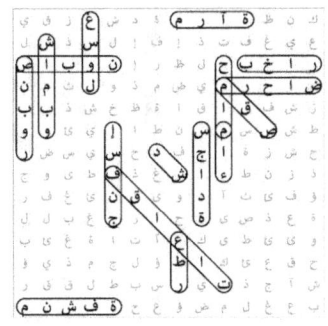

84 - Ciência

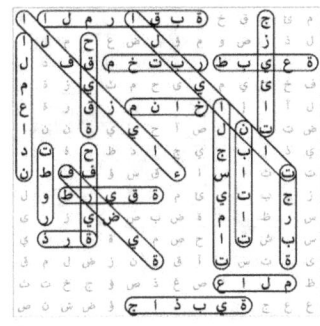

85 - Cores

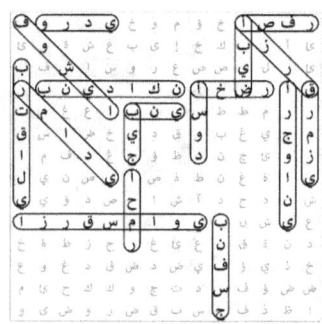

86 - Comida #1

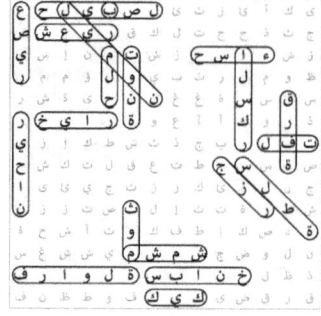

87 - Pássaros

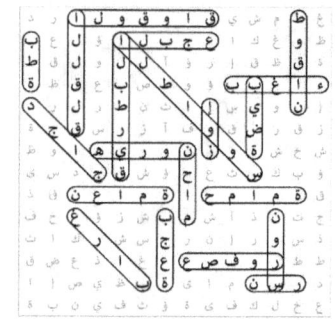

88 - Virtudes #1

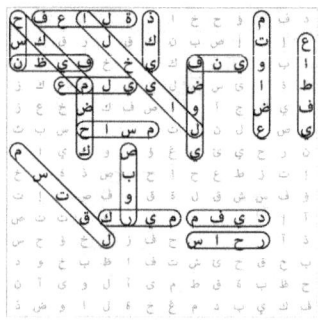

89 - Literatura

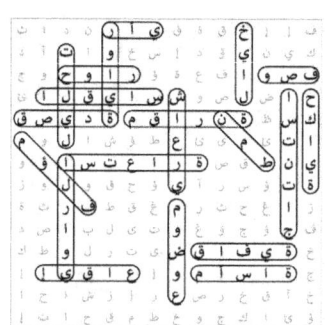

90 - Clima

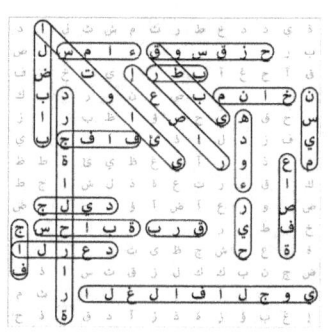

91 - Tecnologia

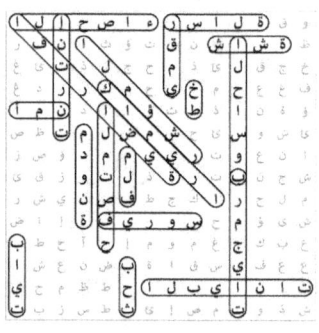

92 - Arte

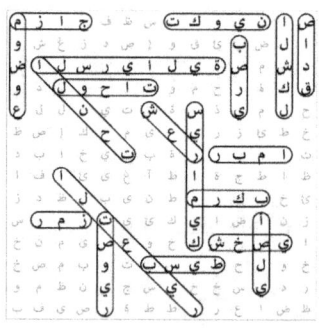

93 - Dinossauros

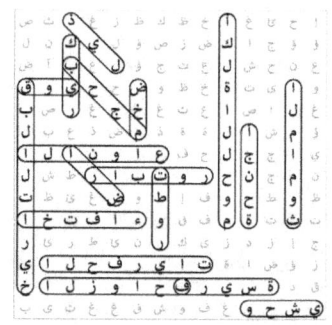

94 - Esportes

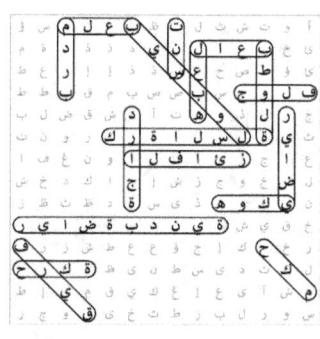

95 - Comida # 2

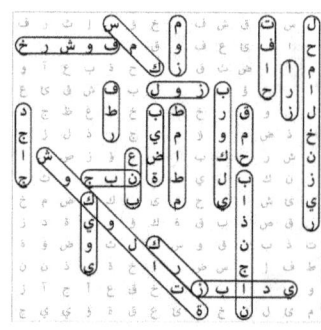

96 - Barcos

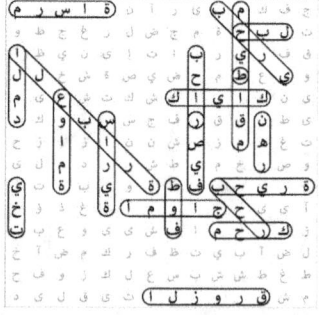

97 - Outono

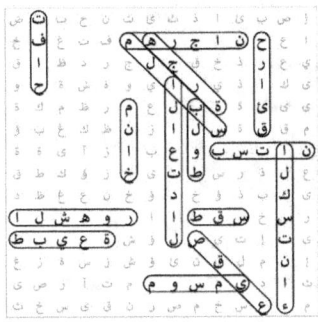

98 - Piratas

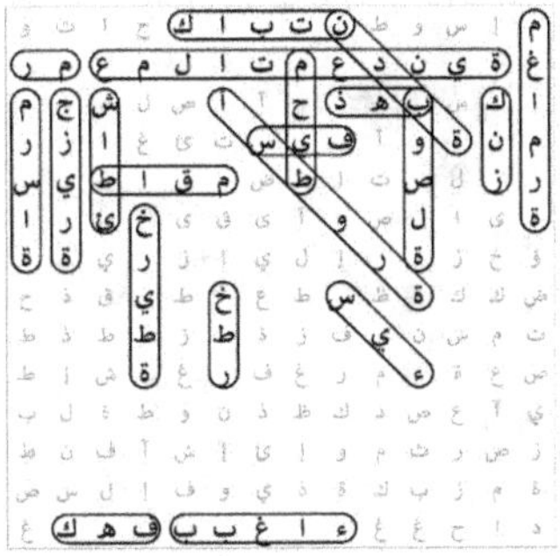

99 - Mamíferos

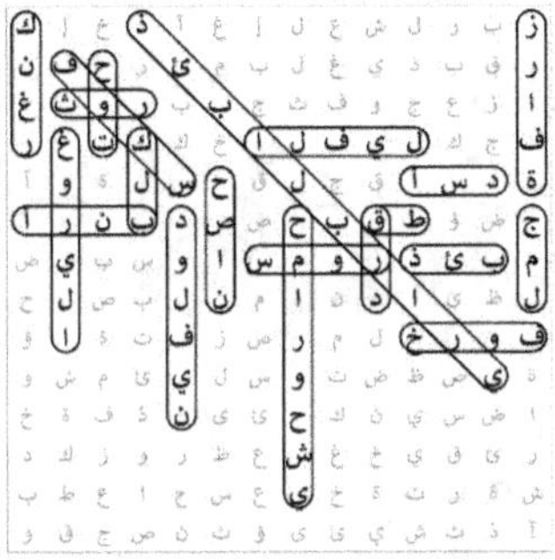

100 - Atividades e Lazer

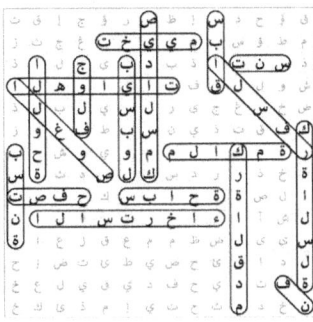

Dicionário

Abelhas
النحل

Asas	أجنحة
Benéfico	مفيد
Cera	شمع
Colmeia	خلية
Diversidade	تنوع
Ecossistema	النظام البيئي
Enxame	سرب
Flor	زهر
Flores	الزهور
Fruta	فاكهة
Fumaça	دخان
Habitat	الموئل
Inseto	حشرة
Jardim	حديقة
Mel	عسل
Plantas	نباتات
Pólen	لقاح
Rainha	ملكة
Sol	شمس

Acampamento
عسكرة

Animais	الحيوانات
Aventura	مغامرة
Árvores	الأشجار
Bússola	بوصلة
Cabine	المقصورة
Caça	الصيد
Canoa	الزورق
Chapéu	قبعة
Corda	حبل
Equipamento	معدات
Floresta	غابة
Fogo	نار
Inseto	حشرة
Lago	بحيرة
Lua	قمر
Maca	أرجوحة
Mapa	خريطة
Montanha	جبل
Natureza	طبيعة
Tenda	خيمة

Adjetivos #1
الصفات #1

Absoluto	مطلق
Aromático	عطري
Artístico	فني
Atraente	جذاب
Enorme	ضخم
Escuro	داكن
Exótico	غريب
Fino	رقيق
Generoso	كريم
Grande	كبير
Honesto	صادق
Idêntico	متطابقة
Importante	مهم
Lento	بطيء
Misterioso	غامض
Moderno	حديث
Perfeito	كامل
Pesado	ثقيل
Sério	جدي
Valioso	ذو قيمة

Adjetivos #2
الصفات #2

Autêntico	أصلي
Criativo	خلاق
Descritivo	وصفي
Dotado	موهوب
Elegante	أنيق
Famoso	مشهور
Forte	قوي
Grosso	سميك
Interessante	مشوق
Natural	طبيعي
Normal	عادي
Novo	الجديد
Orgulhoso	فخور
Produtivo	إنتاجي
Puro	نقي
Responsável	مسؤول
Salgado	مالح
Saudável	صحي
Seco	جاف
Selvagem	بري

Animais de Estimação
الحيوانات الأليفة

Água	ماء
Cabra	ماعز
Cachorro	جرو
Cauda	ذيل
Cão	كلب
Coelho	أرنب
Colarinho	طوق
Garras	مخالب
Gatinho	هريرة
Gato	قط
Lagarto	سحلية
Mouse	فأر
Papagaio	ببغاء
Peixe	سمك
Tartaruga	سلحفاة
Vaca	بقرة
Veterinário	طبيب بيطري

Aniversário
عيد ميلاد

Alegre	مرح
Amigos	اصحاب
Ano	سنة
Aprender	يتعلم
Bolo	كيك
Calendário	تقويم
Canção	أغنية
Cartões	بطاقات
Celebração	احتفال
Convites	الدعوات
Dia	يوم
Dom	هدية
Especial	خاص
Feliz	سعيد
Jovem	شاب
Nascer	ولد
Sabedoria	حكمة
Tempo	الوقت
Velas	الشموع

Antártica
القارة القطبية الجنوبية

Ambiente	بيئة
Água	ماء
Baía	خليج
Baleias	الحيتان
Científico	علمي
Conservação	الحفظ
Continente	قارة
Enseada	كوف
Expedição	البعثة
Gelo	جليد
Geografia	جغرافية
Ilhas	الجزر
Investigador	باحث
Migração	هجرة
Minerais	المعادن
Península	شبه جزيرة
Pinguins	البطاريق
Rochoso	صخري
Temperatura	درجة الحرارة
Topografia	طبوغرافيا

Arte
الفن

Cerâmica	سيراميك
Complexo	مركب
Composição	تكوين
Escultura	النحت
Expressão	التعبير
Figura	الشكل
Honesto	صادق
Humor	مزاح
Inspirado	ربما
Original	أصلي
Pessoal	شخصي
Pinturas	لوحات
Poesia	شعر
Retratar	تصوير
Simples	بسيط
Símbolo	رمز
Sujeito	موضوع
Surrealismo	السريالية
Visual	بصري

Artes Visuais
الفنون البصرية

Argila	طين
Arquitetura	هندسة معمارية
Artista	فنان
Caneta	قلم
Carvão	فحم
Cavalete	حامل
Cera	الشمع
Cerâmica	الفخار
Composição	تكوين
Criatividade	الإبداع
Escultura	النحت
Filme	فيلم
Giz	طباشير
Obra-Prima	تحفة
Perspectiva	منظور
Pintura	اللوحة
Retrato	صورة
Verniz	ورنيش

Astronomia
علم الفلك

Asteróide	الكويكب
Astronauta	رائد فضاء
Astrônomo	فلكي
Céu	سماء
Constelação	كوكبة
Cosmos	عالم
Eclipse	كسوف
Equinócio	الاعتدال
Foguete	صاروخ
Gravidade	جاذبية
Lua	قمر
Meteoro	نيزك
Nebulosa	سديم
Observatório	مرصد
Planeta	كوكب
Radiação	إشعاع
Solar	شمسي
Supernova	سوبرنوفا
Terra	أرض
Universo	كون

Atividades
الأنشطة

Arte	فن
Artesanato	الحرف
Atividade	نشاط
Caca	الصيد
Fotografia	تصوير
Habilidade	مهارة
Interesses	المصالح
Jardinagem	بستنة
Jogos	ألعاب
Lazer	الترفيه
Lendo	قراءة
Magia	سحر
Pesca	صيد السمك
Pintura	اللوحة
Prazer	متعة
Relaxamento	استرخاء

Atividades e Lazer
الأنشطة والترفيه

Acampamento	تخييم
Arte	فن
Basquete	كرة السلة
Beisebol	بيسبول
Boxe	ملاكمة
Corrida	سباق
Futebol	كرة القدم
Golfe	جولف
Hobbies	الهوايات
Jardinagem	بستنة
Mergulho	الغوص
Natação	سباحة
Pesca	صيد السمك
Pintura	اللوحة
Relaxante	الاسترخاء
Surfe	تصفح
Tênis	تنس
Viagem	السفر
Voleibol	الكرة الطائرة

Aventura
مغامرة

Alegria	مرح
Amigos	اصحاب
Atividade	نشاط
Beleza	جمال
Bravura	شجاعة
Chance	فرصة
Desafios	التحديات
Destino	وجهة
Dificuldade	صعوبة
Entusiasmo	حماس
Excursão	انحراف
Incomum	غير عادي
Itinerário	مسار الرحلة
Natureza	طبيعة
Navegação	الملاحة
Novo	الجديد
Perigoso	خطير
Preparação	تحضير
Segurança	أمن
Surpreendente	مفاجأة

Aviões
الطائرات

Altura	ارتفاع
Ar	هواء
Aterrissagem	هبوط
Atmosfera	الغلاف الجوي
Aventura	مغامرة
Balão	بالون
Céu	سماء
Combustível	وقود
Construção	بناء
Descida	اصل
Direção	اتجاه
Hidrogênio	هيدروجين
História	التاريخ
Inflar	تضخم
Motor	محرك
Navegar	التنقل
Passageiro	راكب
Piloto	طيار
Tripulação	طاقم
Turbulência	اضطراب

Água
الماء

Canal	قناة
Chuva	مطر
Chuveiro	دش
Evaporação	تبخر
Furacão	إعصار
Geada	صقيع
Gelo	جليد
Geyser	سخان
Inundação	فيضان
Irrigação	الري
Lago	بحيرة
Neve	ثلج
Oceano	محيط
Ondas	أمواج
Rio	نهر
Umidade	رطوبة
Vapor	بخار

Balé
باليه

Aplauso	تصفيق
Artístico	فني
Compositor	ملحن
Coreografia	الكوريغرافيا
Dançarinos	الراقصات
Ensaio	بروفة
Estilo	نمط
Expressivo	معبرة
Gesto	لفتة
Habilidade	مهارة
Intensidade	شدة
Músculos	عضلات
Música	موسيقى
Orquestra	أوركسترا
Público	الجمهور
Ritmo	إيقاع
Solo	منفردا
Técnica	تقنية

Banheiro
حمام

Água	ماء
Banheiro	مرحاض
Banho	حمام
Bolhas	فقاعات
Chuveiro	دش
Espelho	مرآة
Esponja	إسفنج
Loção	غسول
Perfume	عطر
Sabão	صابون
Tapete	سجادة
Tesoura	مقص
Toalha	منشفة
Torneira	صنبور
Vapor	بخار
Xampu	شامبو

Barcos
القوارب

Âncora	مرساة
Balsa	العبارة
Bóia	عوامة
Caiaque	كاياك
Canoa	الزورق
Corda	حبل
Doca	رصيف
Iate	يخت
Jangada	طوف
Lago	بحيرة
Mar	بحر
Maré	المد
Marinheiro	بحار
Mastro	سارية
Motor	محرك
Náutico	بحري
Oceano	محيط
Ondas	أمواج
Rio	نهر
Tripulação	طاقم

Brinquedos
ألعاب

Argila	طين
Artesanato	الحرف
Avião	طائرة
Barco	قارب
Bateria	الطبول
Bicicleta	دراجة
Bola	كرة
Boneca	دمية
Caminhão	شاحنة
Carro	سيارة
Favorito	مفضل
Imaginação	خيال
Jogos	ألعاب
Livros	الكتب
Pipa	طائرة ورقية
Robô	روبوت
Tintas	الدهانات
Xadrez	شطرنج

Caminhada
التنزه

Acampamento	تخييم
Animais	الحيوانات
Água	ماء
Botas	أحذية
Cansado	متعب
Clima	مناخ
Mapa	خريطة
Montanha	جبل
Mosquitos	البعوض
Natureza	طبيعة
Orientação	اتجاه
Parques	الحدائق
Pedras	الحجارة
Penhasco	جرف
Perigos	المخاطر
Pesado	ثقيل
Preparação	تحضير
Selvagem	بري
Sol	شمس
Tempo	طقس

Campeonato
بطولة

Campeão	بطل
Campeonato	بطولة
Desempenho	الأداء
Equipe	فريق
Esportes	رياضات
Estratégia	إستراتيجية
Finalista	النهائي
Jogos	ألعاب
Juiz	القاضي
Liga	الدوري
Medalha	ميدالية
Motivação	الدافع
Torneio	مسابقة
Treinador	مدرب
Vitória	فوز

Casa
منزل

Biblioteca	مكتبة
Cerca	سياج
Chaminé	مدخنة
Chaves	مفاتيح
Chuveiro	دش
Cortinas	ستائر
Cozinha	مطبخ
Espelho	مرآة
Garagem	كراج
Janela	نافذة
Jardim	حديقة
Lareira	مدفأة
Mobiliário	أثاث
Parede	حائط
Porta	باب
Quarto	غرفة
Sótão	علية
Tapete	سجادة
Torneira	صنبور
Vassoura	مكنسة

Castelos
القلاع

Armadura	درع
Catapulta	المنجنيق
Cavaleiro	فارس
Cavalo	حصان
Coroa	تاج
Dinastia	سلالة
Dragão	تنين
Espada	سيف
Feudal	إقطاعي
Fosso	خندق
Império	إمبراطورية
Masmorra	زنزانة
Nobre	النبيل
Palácio	قصر
Parede	حائط
Princesa	أميرة
Príncipe	أمير
Reino	المملكة
Torre	برج

Chocolate
شوكولاتة

Açúcar	السكر
Amargo	مر
Antioxidante	مضاد للأكسدة
Artesanal	الحرفي
Cacau	الكاكاو
Caramelo	كراميل
Coco	جوز الهند
Comer	لتناول الطعام
Delicioso	لذيذ
Doce	حلو
Exótico	غريب
Favorito	مفضل
Gosto	المذاق
Ingrediente	العنصر
Pó	مسحوق
Qualidade	جودة
Receita	وصفة
Sabor	نكهة

Churrascos
حفلات الشواء

Almoço	غداء
Convite	دعوة
Crianças	الأطفال
Facas	سكاكين
Família	أسرة
Fome	جوع
Frango	دجاج
Fruta	فاكهة
Grelha	شواية
Jantar	عشاء
Jogos	ألعاب
Legumes	خضروات
Molho	صلصة
Música	موسيقى
Pimenta	فلفل
Quente	حار
Sal	ملح
Saladas	السلطات
Tomates	طماطم
Verão	صيف

Cidade
مدينة

Aeroporto	مطار
Banco	بنك
Biblioteca	مكتبة
Cinema	سينما
Clínica	عيادة
Escola	مدرسة
Estádio	ملعب
Farmácia	صيدلية
Florista	منسق زهور
Galeria	معرض
Hotel	فندق
Jardim Zoológico	حديقة حيوان
Mercado	سوق
Museu	متحف
Padaria	مخبز
Restaurante	مطعم
Salão	صالون
Supermercado	سوبر ماركت
Teatro	مسرح
Universidade	جامعة

Ciência
العلوم

Átomo	ذرة
Cientista	عالم
Clima	مناخ
Dados	البيانات
Evolução	تطور
Experiência	تجربة
Fato	حقيقة
Física	الفيزياء
Fóssil	حفرية
Gravidade	جاذبية
Hipótese	فرضية
Laboratório	مختبر
Método	طريقة
Minerais	المعادن
Moléculas	جزيئات
Natureza	طبيعة
Observação	المراقبة
Partículas	الجسيمات
Plantas	نباتات

Circo
سيرك

Acrobata	بهلوان
Animais	الحيوانات
Balões	بالونات
Bilhete	تذكرة
Desfile	موكب
Doce	حلويات
Elefante	الفيل
Espectador	المشاهد
Espetacular	مذهل
Leão	أسد
Macaco	قرد
Magia	سحر
Malabarista	المحتال
Mágico	ساحر
Música	موسيقى
Palhaço	مهرج
Tenda	خيمة
Tigre	نمر
Traje	زي
Truque	حيلة

Clima
الطقس

Arco-Íris	قوس قزح
Atmosfera	الغلاف الجوي
Brisa	نسيم
Calmo	هدوء
Céu	سماء
Clima	مناخ
Gelo	جليد
Nevoeiro	الضباب
Nuvem	سحابة
Polar	قطبي
Relâmpago	برق
Seca	جفاف
Seco	جاف
Temperatura	درجة الحرارة
Tempestade	عاصفة
Tornado	إعصار
Tropical	استوائي
Trovão	الرعد
Úmido	رطب
Vento	ريح

Comida # 2
الغذاء #2

Alcachofra	خرشوف
Amêndoa	لوز
Arroz	أرز
Banana	موز
Beringela	باذنجان
Brócolis	بروكلي
Cereja	كرز
Chocolate	شوكولاتة
Cogumelo	فطر
Frango	دجاج
Iogurte	زبادي
Kiwi	كيوي
Maçã	تفاح
Ovo	بيضة
Peixe	سمك
Presunto	لحم الخنزير
Queijo	جبن
Tomate	طماطم
Trigo	قمح
Uva	عنب

Comida #1
الغذاء #1

Açúcar	السكر
Alho	ثوم
Atum	تونة
Bolo	كيك
Canela	قرفة
Cebola	بصل
Cenoura	جزر
Cevada	شعير
Damasco	مشمش
Espinafre	سبانخ
Leite	حليب
Limão	ليمون
Manjericão	ريحان
Morango	فراولة
Nabo	لفت
Pepino	خيار
Sal	ملح
Salada	سلطة
Sopa	حساء
Suco	عصير

Conservação
الحفظ

Ambiental	البيئة
Água	ماء
Ciclo	دورة
Clima	مناخ
Ecossistema	النظام البيئي
Educação	تعليم
Habitat	الموئل
Natural	طبيعي
Orgânico	عضوي
Pesticida	مبيد الآفات
Poluição	التلوث
Reciclar	إعادة التدوير
Reduzir	خفض
Saúde	الصحة
Sustentável	مستدام
Verde	أخضر
Voluntário	متطوع

Cores
الألوان

Amarelo	أصفر
Azul	أزرق
Bege	بيج
Branco	أبيض
Carmesim	قرمزي
Ciano	ازرق سماوي
Cinza	رمادي
Fuchsia	فوشيا
Laranja	برتقالي
Marrom	بني
Preto	أسود
Rosa	وردي
Roxo	أرجواني
Sépia	بني داكن
Verde	أخضر
Vermelho	أحمر
Violeta	بنفسج

Corpo Humano
جسم الإنسان

Boca	فم
Cabeça	رئيس
Cérebro	دماغ
Coração	قلب
Cotovelo	كوع
Dedo	إصبع
Joelho	ركبة
Mandíbula	فك
Mão	يد
Nariz	أنف
Olho	عين
Ombro	كتف
Orelha	أذن
Pele	جلد
Perna	رجل
Pescoço	رقبة
Queixo	ذقن
Sangue	دم
Testa	جبهة
Tornozelo	كاحل

Cozinha
مطبخ

Avental	مئزر
Chaleira	غلاية
Colheres	الملاعق
Comer	لتناول الطعام
Concha	مغرفة
Cups	أكواب
Especiarias	توابل
Esponja	إسفنج
Facas	سكاكين
Forno	فرن
Freezer	مجمد
Garfos	الشوك
Geladeira	ثلاجة
Grelha	شواية
Guardanapo	منديل
Jar	جرة
Jarro	إبريق
Pauzinhos	عيدان
Receita	وصفة
Tigela	وعاء

Dança
الرقص

Academia	الأكاديمية
Alegre	مرح
Arte	فن
Clássico	كلاسيكي
Coreografia	الكوريغرافيا
Corpo	جثة
Cultura	ثقافة
Cultural	ثقافي
Emoção	عاطفة
Ensaio	بروفة
Expressivo	معبرة
Graça	نعمة
Movimento	حركة
Música	موسيقى
Parceiro	شريك
Postura	الموقف
Ritmo	إيقاع
Saltar	قفز
Tradicional	تقليدي
Visual	بصري

Dias e Meses
الأيام والأشهر

Abril	أبريل
Agosto	أغسطس
Ano	سنة
Calendário	تقويم
Dezembro	ديسمبر
Domingo	الأحد
Fevereiro	فبراير
Janeiro	يناير
Julho	يوليو
Junho	يونيو
Mês	شهر
Novembro	نوفمبر
Outubro	أكتوبر
Quinta-Feira	الخميس
Sábado	السبت
Segunda-Feira	الاثنين
Semana	أسبوع
Setembro	سبتمبر
Sexta-Feira	الجمعة
Terça	الثلاثاء

Dinossauros
الديناصورات

Asas	أجنحة
Cauda	ذيل
Desaparecimento	اختفاء
Enorme	ضخم
Espécies	الأنواع
Evolução	تطور
Fósseis	الحفريات
Grande	كبير
Mamute	الماموث
Onívoro	آكلة اللحوم
Poderoso	قوي
Presa	فريسة
Pré-Histórico	قبل التاريخ
Raptor	رابتور
Réptil	الزواحف
Tamanho	حجم
Terra	أرض
Vicioso	وحشي

Dirigindo
القيادة

Acidente	حادث
Carro	سيارة
Combustível	وقود
Cuidado	الحذر
Estrada	طريق
Freios	فرامل
Garagem	كراج
Gás	غاز
Licença	رخصة
Mapa	خريطة
Motocicleta	دراجة نارية
Motor	محرك
Pedestre	المشاة
Perigo	خطر
Polícia	شرطة
Rua	شارع
Segurança	أمن
Transporte	النقل
Tráfego	حركة المرور
Túnel	نفق

Disciplinas Científicas
التخصصات العلمية

Anatomia	تشريح
Arqueologia	علم الآثار
Astronomia	علم الفلك
Biologia	بيولوجيا
Botânica	علم النبات
Cinesiologia	علم الحركة
Ecologia	علم البيئة
Fisiologia	فيزيولوجيا
Física	الفيزياء
Geologia	جيولوجيا
Imunologia	علم المناعة
Linguística	لسانيات
Mecânica	ميكانيكا
Mineralogia	علم المعادن
Neurologia	علم الأعصاب
Nutrição	تغذية
Psicologia	علم النفس
Química	كيمياء
Sociologia	علم الاجتماع
Zoologia	علم الحيوان

Ecologia
علم البيئة

Clima	مناخ
Comunidades	مجتمعات
Diversidade	تنوع
Fauna	الحيوانات
Flora	النباتية
Global	عالمي
Habitat	الموئل
Marinho	البحرية
Montanhas	الجبال
Natural	طبيعي
Natureza	طبيعة
Pântano	اهوار
Plantas	نباتات
Recursos	الموارد
Seca	جفاف
Sobrevivência	نجاة
Sustentável	مستدام
Variedade	نوع
Vegetação	نبت
Voluntários	المتطوعون

Edifícios
المباني

Apartamento	شقة
Castelo	قلعة
Celeiro	حظيرة
Cinema	سينما
Embaixada	السفارة
Escola	مدرسة
Estádio	ملعب
Fazenda	مزرعة
Fábrica	مصنع
Garagem	كراج
Hospital	مستشفى
Hotel	فندق
Laboratório	مختبر
Museu	متحف
Observatório	مرصد
Supermercado	سوبر ماركت
Teatro	مسرح
Tenda	خيمة
Torre	برج
Universidade	جامعة

Emoções
العواطف

Alegria	مرح
Amor	حب
Animado	متحمس
Bem-Aventurança	النعيم
Bondade	اللطف
Calmo	هدوء
Conteúdo	محتوى
Envergonhado	محرج
Grato	شاكر
Medo	خوف
Paz	سلام
Raiva	غضب
Satisfeito	راض
Simpatia	ميل
Ternura	حنان
Tédio	ملل
Tranquilidade	الهدوء
Tristeza	حزن

Escalada
التسلق

Altitude	ارتفاع
Atmosfera	الغلاف الجوي
Botas	أحذية
Capacete	خوذة
Caverna	كهف
Curiosidade	الفضول
Desafios	التحديات
Especialista	خبير
Estabilidade	استقرار
Estreito	ضيق
Físico	بدني
Força	قوة
Luvas	قفازات
Mapa	خريطة
Terreno	التضاريس

Escola # 2
المدرسة #2

Acadêmico	أكاديمي
Atividades	أنشطة
Biblioteca	مكتبة
Calendário	تقويم
Ciência	علم
Computador	الحاسوب
Dicionário	قاموس
Educação	تعليم
Gramática	قواعد
Jogos	ألعاب
Lápis	قلم
Leitura	قراءة
Literatura	أدب
Livros	الكتب
Matemática	الرياضيات
Mochila	حقيبة ظهر
Papel	ورق
Professor	مدرس
Suprimentos	اللوازم
Tesoura	مقص

Escola #1
المدرسة #1

Alfabeto	الأبجدية
Almoço	غداء
Amigos	اصحاب
Aprender	ليتعلم
Biblioteca	مكتبة
Cadeira	كرسي
Canetas	أقلام
Exames	الامتحانات
Lápis	قلم
Livros	الكتب
Marcadores	علامات
Matemática	الرياضيات
Mesa	مكتب
Números	الأرقام
Papel	ورق
Pastas	المجلدات
Professor	مدرس
Questionário	لغز
Respostas	الأجوبة

Especiarias
التوابل

Açafrão	زعفران
Alcaçuz	عرق السوس
Alho	ثوم
Amargo	مر
Anis	اليانسون
Azedo	حامض
Baunilha	فانيلا
Canela	قرفة
Cardamomo	حب الهال
Caril	كاري
Cebola	بصل
Coentro	كزبرة
Cominho	كمون
Doce	حلو
Funcho	الشمرة
Gengibre	زنجبيل
Noz-Moscada	جوزة الطيب
Pimenta	فلفل
Sabor	نكهة
Sal	ملح

Esportes
الرياضة

Atleta	رياضي
Árbitro	حكم
Basquete	كرة السلة
Beisebol	بيسبول
Bicicleta	دراجة
Campeonato	بطولة
Equipe	فريق
Estádio	ملعب
Ganhador	الفائز
Ginástica	رياضة بدنية
Golfe	جولف
Hóquei	هوكي
Jogador	لاعب
Jogo	لعبة
Movimento	حركة
Tênis	تنس
Treinador	مدرب

Exploração
الاستكشاف

Animais	الحيوانات
Aprender	ليتعلم
Atividade	نشاط
Coragem	شجاعة
Culturas	الثقافات
Descoberta	اكتشاف
Desconhecido	غير معروف
Determinação	عزم
Distante	بعيد
Espaço	فضاء
Exaustão	نزف
Excitação	الإثارة
Língua	لغة
Novo	الجديد
Perigos	المخاطر
Selvagem	بري
Terreno	التضاريس
Viagem	السفر

Família
عائلة

Antepassado	سلف
Avó	جدة
Avô	جد
Criança	طفل
Crianças	الأطفال
Esposa	زوجة
Filha	ابنة
Infância	مرحلة الطفولة
Irmã	أخت
Irmão	شقيق
Marido	الزوج
Materno	الأم
Mãe	أم
Neto	حفيد
Pai	أب
Paterno	الأب
Primo	ابن عم
Sobrinho	ابن أخ
Tia	عمة
Tio	العم

Fazenda #1
مزرعة 1#

Abelha	نحلة
Agricultura	زراعة
Arroz	أرز
Água	ماء
Bezerro	عجل
Burro	حمار
Cabra	ماعز
Campo	حقل
Cavalo	حصان
Cão	كلب
Cerca	سياج
Corvo	غراب
Feno	تبن
Fertilizante	سماد
Frango	دجاج
Gato	قط
Mel	عسل
Porco	خنزير
Rebanho	قطيع
Vaca	بقرة

Fazenda #2
مزرعة 2#

Agricultor	مزارع
Animais	الحيوانات
Celeiro	حظيرة
Cevada	شعير
Fruta	فاكهة
Ganso	أوز
Irrigação	الري
Leite	حليب
Lhama	لهب
Maduro	ناضج
Milho	حبوب ذرة
Ovelha	خروف
Pastor	الراعي
Pato	بطة
Pomar	بستان
Prado	مرج
Trator	جرار
Trigo	قمح
Vegetal	الخضروات

Ferramentas de Cozinha
أدوات الطبخ

Chaleira	غلاية
Coador	مصفاة
Colher	ملعقة
Espremedor	عصارة
Faca	سكين
Fogão	موقد
Forno	فرن
Garfo	شوكة
Geladeira	ثلاجة
Liquidificador	خلاط
Ralador	مبشرة
Talheres	السكاكين
Tampa	غطاء
Termômetro	ميزان الحرارة
Tesoura	مقص
Torradeira	محمصة

Férias #2
عطلة 2#

Aeroporto	مطار
Destino	وجهة
Estrangeiro	أجنبي
Feriado	عطلة
Fotos	الصور
Hotel	فندق
Ilha	جزيرة
Lazer	الترفيه
Mapa	خريطة
Mar	بحر
Montanhas	الجبال
Passaporte	جواز سفر
Praia	شاطئ
Reservas	التحفظات
Restaurante	مطعم
Táxi	تاكسي
Tenda	خيمة
Transporte	النقل
Viagem	رحلة
Visto	تأشيرة

Ficção Científica
الخيال العلمي

Atómico	ذري
Cinema	سينما
Clones	استنساخ
Distante	بعيد
Explosão	انفجار
Extremo	متطرف
Fantástico	رائع
Fogo	نار
Futurista	مستقبلية
Ilusão	وهم
Imaginário	وهمي
Livros	الكتب
Misterioso	غامض
Mundo	العالمية
Oráculo	وحي
Planeta	كوكب
Realista	واقعي
Robôs	الروبوتات
Tecnologia	تقنية
Utopia	يوتوبيا

Flores
زهور

Buquê	باقة أزهار
Dente-De-Leão	الهندباء
Gardênia	جاردينيا
Girassol	عباد الشمس
Hibisco	الكركديه
Jasmim	ياسمين
Lavanda	خزامى
Lilás	أرجواني
Lírio	زنبق
Magnólia	ماغنوليا
Margarida	ديزي
Narciso	النرجس البري
Orquídea	السحلب
Papoula	الخشخاش
Peônia	الفاوانيا
Pétala	البتلة
Plumeria	بلوميريا
Rosa	وردة
Trevo	نفل
Tulipa	توليب

Floresta Tropical
الغابات المطيرة

Anfíbios	البرمائيات
Botânico	نباتي
Clima	مناخ
Comunidade	ملة
Diversidade	تنوع
Espécies	الأنواع
Indígena	أصلي
Insetos	الحشرات
Mamíferos	الثدييات
Musgo	طحلب
Natureza	طبيعة
Nuvens	سحاب
Pássaros	الطيور
Preservação	حفظ
Refúgio	ملجأ
Respeito	احترام
Restauração	استعادة
Selva	الغابة
Sobrevivência	نجاة
Valioso	ذو قيمة

Formas
الأشكال

Arco	قوس
Canto	ركن
Cilindro	اسطوانة
Círculo	دائرة
Cone	مخروط
Cubo	مكعب
Curva	منحنى
Hipérbole	القطع الزائد
Lado	الجانب
Linha	خط
Oval	البيضاوي
Pirâmide	هرم
Polígono	مضلع
Prisma	موشور
Quadrado	مربع
Retângulo	مستطيل
Triângulo	مثلث

Frutas
فاكهة

Abacate	أفوكادو
Abacaxi	أناناس
Amora	بلاك بيري
Baga	بيري
Banana	موز
Cereja	كرز
Coco	جوز الهند
Damasco	مشمش
Figo	تين
Framboesa	توت العليق
Kiwi	كيوي
Laranja	برتقالي
Limão	ليمون
Maçã	تفاح
Mamão	بابايا
Manga	مانجو
Melão	شمام
Pera	كمثرى
Pêssego	خوخ
Uva	عنب

Gatos
القطط

Brincalhão	لعوب
Caçador	صياد
Cauda	ذيل
Curioso	فضولي
Dormir	نوم
Engraçado	مضحك
Fio	غزل
Independente	مستقل
Louco	مجنون
Mouse	فأر
Pata	مخلب
Pele	فرو
Personalidade	شخصية
Selvagem	بري
Tímido	خجول

Geografia
الجغرافيا

Altitude	ارتفاع
Atlas	أطلس
Cidade	مدينة
Continente	قارة
Equador	خط الاستواء
Ilha	جزيرة
Latitude	خط العرض
Longitude	خط الطول
Mapa	خريطة
Mar	بحر
Meridiano	ميريديان
Montanha	جبل
Mundo	العالمية
Norte	شمال
Oceano	محيط
Oeste	غرب
País	بلد
Região	منطقة
Rio	نهر
Sul	جنوب

Geologia
جيولوجيا

Ácido	حمض
Camada	طبقة
Caverna	كهف
Cálcio	الكالسيوم
Ciclos	دورات
Continente	قارة
Coral	المرجان
Cristais	بلورات
Erosão	تآكل
Estalagmites	الصواعد
Fóssil	حفرية
Lava	الحمم
Minerais	المعادن
Pedra	حجر
Platô	هضبة
Quartzo	مرو
Sal	ملح
Terremoto	زلزال
Vulcão	بركان
Zona	منطقة

Herbalismo
الأعشاب

Açafrão	زعفران
Alecrim	إكليل الجبل
Alho	ثوم
Aromático	عطري
Benéfico	مفيد
Coentro	كزبرة
Estragão	الطرخون
Flor	زهرة
Funcho	الشمرة
Ingrediente	العنصر
Jardim	حديقة
Lavanda	خزامى
Manjericão	ريحان
Manjerona	مردقوش
Planta	مصنع
Qualidade	جودة
Sabor	نكهة
Salsa	بقدونس
Tomilho	زعتر
Verde	أخضر

Insetos
الحشرات

Abelha	نحلة
Barata	صرصور
Besouro	خنفساء
Borboleta	فراشة
Cigarra	الزيز
Cupim	أرضة
Formiga	نملة
Gafanhoto	جندب
Joaninha	الخنفساء
Larva	يرقة
Libélula	اليعسوب
Louva-A-Deus	فرس النبي
Mariposa	عثة
Minhoca	دودة
Mosquito	البعوض
Pulga	برغوث
Pulgão	المن
Vespa	دبور

Instrumentos Musicais
آلات موسيقية

Bandolim	مندولين
Banjo	البانجو
Clarinete	مزمار
Fagote	باسون
Flauta	ناي
Gaita	هارمونيكا
Gongo	ناقوس
Harpa	جنك
Marimba	ماريمبا
Oboé	المزمار
Pandeiro	دف صغير
Percussão	قرع
Piano	بيانو
Saxofone	ساكسفون
Tambor	طبل
Trombone	الترومبون
Trompete	بوق
Violão	قيثارة
Violino	كمان
Violoncelo	التشيلو

Jardim
حديقة

Ancinho	أشعل النار
Arbusto	شجيرة
Árvore	شجرة
Banco	مقعد
Cerca	سياج
Ervas Daninhas	الأعشاب
Flor	زهرة
Garagem	كراج
Grama	عشب
Jardim	حديقة
Lagoa	بركة
Maca	أرجوحة
Mangueira	خرطوم
Pá	مجرفة
Pomar	بستان
Solo	تربة
Terraço	مصطبة
Trampolim	الترامبولين
Varanda	رواق
Videira	كرمة

Literatura
الأدب

Analogia	القياس
Análise	تحليل
Anedota	حكاية
Autor	مؤلف
Comparação	مقارنة
Conclusão	استنتاج
Descrição	وصف
Diálogo	حوار
Estilo	نمط
Ficção	خيال
Metáfora	استعارة
Narrador	الراوي
Opinião	رأي
Poema	قصيدة
Poético	شاعري
Rima	قافية
Ritmo	إيقاع
Romance	رواية
Tema	موضوع
Tragédia	مأساة

Livros
كتب

Autor	مؤلف
Aventura	مغامرة
Coleção	مجموعة
Contexto	سياق الكلام
Dualidade	الازدواجية
Escrito	مكتوب
Épico	ملحمة
História	قصة
Histórico	تاريخي
Inventivo	مبدع
Leitor	قارئ
Literário	أدبي
Narrador	الراوي
Página	صفحة
Poema	قصيدة
Poesia	شعر
Relevante	ذات الصلة
Romance	رواية
Série	سلسلة
Trágico	مأساوي

Mamíferos
الثدييات

Baleia	حوت
Camelo	جمل
Canguru	كنغر
Castor	سمور
Cavalo	حصان
Cão	كلب
Coelho	أرنب
Coiote	ذئب البراري
Elefante	الفيل
Gato	قط
Girafa	زرافة
Golfinho	دولفين
Gorila	الغوريل
Leão	أسد
Lobo	ذئب
Macaco	قرد
Ovelha	خروف
Raposa	فوكس
Touro	ثور
Zebra	حمار وحشي

Matemática
الرياضيات

Aritmética	حساب
Ângulos	زوايا
Circunferência	محيط
Decimal	عشري
Diâmetro	قطر
Equação	معادلة
Expoente	أس
Fração	جزء
Geometria	هندسة
Graus	درجات
Números	الأرقام
Paralelo	مواز
Perpendicular	عمودي
Polígono	مضلع
Quadrado	مربع
Retângulo	مستطيل
Simetria	تناظر
Soma	مجموع
Triângulo	مثلث
Volume	الصوت

Material de Arte
لوازم الفن

Acrílico	أكريليك
Apagador	ممحاة
Aquarelas	ألوان مائية
Argila	طين
Água	ماء
Cadeira	كرسي
Carvão	فحم
Cavalete	الحامل
Câmera	كاميرا
Cola	صمغ
Cores	الألوان
Criatividade	إبداع
Escovas	فرش
Lápis	أقلام الرصاص
Mesa	طاولة
Óleo	نفط
Papel	ورق
Pastels	الباستيل
Tinta	حبر
Tintas	الدهانات

Medições
القياسات

Altura	ارتفاع
Byte	بايت
Centímetro	سنتيمتر
Comprimento	الطول
Decimal	عشري
Grama	غرام
Grau	درجة
Largura	عرض
Litro	لتر
Massa	كتلة
Metro	متر
Minuto	دقيقة
Onça	أوقية
Peso	وزن
Polegada	بوصة
Profundidade	عمق
Quilograma	كيلوغرام
Quilômetro	كيلومتر
Tonelada	طن
Volume	الصوت

Meditação
التأمل

Aceitação	قبول
Acordado	مستيقظ
Atenção	انتباه
Bondade	اللطف
Clareza	وضوح
Compaixão	عطف
Emoções	العواطف
Ensinamentos	تعاليم
Gratidão	شكر
Mental	عقلي
Mente	عقل
Movimento	حركة
Música	موسيقى
Natureza	طبيعة
Observação	المراقبة
Paz	سلام
Pensamentos	أفكار
Perspectiva	المنظور
Postura	الموقف
Silêncio	الصمت

Mitologia
الميثولوجيا

Ciúmes	الغيرة
Comportamento	سلوك
Crenças	المعتقدات
Criação	خلق
Criatura	مخلوق
Cultura	ثقافة
Desastre	كارثة
Força	قوة
Guerreiro	محارب
Heroína	بطلة
Herói	بطل
Imortalidade	خلود
Labirinto	متاهة
Lenda	أسطورة
Mágico	سحري
Monstro	مسخ
Mortal	مميت
Relâmpago	برق
Trovão	رعد
Vingança	انتقام

Natureza
الطبيعة

Abelhas	النحل
Abrigo	مأوى
Animais	الحيوانات
Ártico	القطب الشمالي
Beleza	جمال
Deserto	صحراء
Dinâmico	متحرك
Erosão	تآكل
Floresta	غابة
Folhagem	أوراق الشجر
Geleira	مثلجة
Nevoeiro	ضباب
Nuvens	سحاب
Pacífico	سلمي
Rio	نهر
Santuário	ملاذ
Selvagem	بري
Sereno	هادئ
Tropical	استوائي
Vital	حيوي

Nutrição
التغذية

Amargo	مر
Apetite	شهية
Carboidratos	الكربوهيدرات
Comestível	صالح للأكل
Dieta	حمية
Digestão	هضم
Equilibrado	متوازن
Fermentação	تخمير
Ingredientes	مكونات
Líquidos	سوائل
Molho	صلصة
Nutriente	المغذي
Peso	وزن
Proteínas	البروتينات
Qualidade	جودة
Sabor	نكهة
Saudável	صحي
Saúde	الصحة
Toxina	سم
Vitamina	فيتامين

Números
أرقام

Cinco	خمسة
Decimal	عشري
Dez	عشرة
Dezesseis	ستة عشر
Dezessete	سبعة عشر
Dezoito	ثمانية عشر
Dois	اثنان
Doze	اثنا عشر
Nove	تسعة
Oito	ثمانية
Quatorze	أربعة عشر
Quatro	أربعة
Quinze	خمسة عشر
Seis	ستة
Sete	سبعة
Treze	ثلاثة عشر
Três	ثلاثة
Um	واحد
Vinte	عشرون
Zero	صفر

Oceano
محيط

Alga	الطحالب
Atum	تونة
Baleia	حوت
Barco	قارب
Camarão	جمبري
Caranguejo	سرطان
Coral	المرجان
Enguia	ثعبان
Esponja	إسفنج
Golfinho	دولفين
Marés	المد والجزر
Medusa	قنديل البحر
Ondas	أمواج
Ostra	محار
Peixe	سمك
Polvo	أخطبوط
Sal	ملح
Tartaruga	سلحفاة
Tempestade	عاصفة
Tubarão	قرش

Outono
الخريف

Bolota	بلوط
Castanhas	الكستناء
Clima	مناخ
Equinócio	الاعتدال
Festival	مهرجان
Geada	صقيع
Incêndios	حرائق
Maçãs	تفاح
Meses	الشهور
Migração	هجرة
Natureza	طبيعة
Pomar	بستان
Roupa	ملابس
Sazonal	موسمي
Tempo	طقس

Paisagens
المناظر الطبيعية

Cascata	شلال
Caverna	كهف
Colina	تل
Deserto	صحراء
Geleira	مثلجة
Golfo	الخليج
Iceberg	جبل جليد
Ilha	جزيرة
Lago	بحيرة
Mar	بحر
Montanha	جبل
Oásis	واحة
Oceano	محيط
Pântano	مستنقع
Península	شبه جزيرة
Praia	شاطئ
Rio	نهر
Tundra	تندرا
Vale	وادي
Vulcão	بركان

Países #2
البلدان #2

Albânia	ألبانيا
Dinamarca	الدنمارك
França	فرنسا
Grécia	اليونان
Haiti	هايتي
Indonésia	إندونيسيا
Irlanda	أيرلندا
Jamaica	جامايكا
Japão	اليابان
Laos	لاوس
Líbano	لبنان
México	المكسيك
Nepal	نيبال
Nigéria	نيجيريا
Paquistão	باكستان
Rússia	روسيا
Síria	سوريا
Somália	الصومال
Ucrânia	أوكرانيا
Uganda	أوغندا

Pássaros
الطيور

Avestruz	نعامة
Águia	نسر
Cegonha	اللقلق
Cisne	بجعة
Corvo	غراب
Cuco	الوقواق
Flamingo	نحام
Frango	دجاج
Gaivota	نورس
Ganso	إوز
Garça	هيرون
Ovo	بيضة
Papagaio	ببغاء
Pardal	عصفور
Pato	بطة
Pavão	الطاووس
Pelicano	البجع
Pinguim	البطريق
Pombo	حمامة
Tucano	طوقان

Pesca
صيد الأسماك

Água	ماء
Barbatanas	زعانف
Barco	قارب
Brânquias	خياشيم
Cesta	سلة
Equipamento	معدات
Exagero	مبالغة
Fio	سلك
Gancho	خطاف
Isca	طعم
Lago	بحيرة
Mandíbula	فك
Oceano	محيط
Paciência	صبر
Peso	وزن
Praia	شاطئ
Rio	نهر
Temporada	الموسم

Piratas
قراصنة

Aventura	مغامرة
Âncora	مرساة
Bússola	بوصلة
Capitão	كابتن
Caverna	كهف
Cicatriz	ندبة
Espada	سيف
Ilha	جزيرة
Lenda	أسطورة
Mapa	خريطة
Mau	سيء
Moedas	عملات معدنية
Oceano	محيط
Ouro	ذهب
Papagaio	ببغاء
Perigo	خطر
Praia	شاطئ
Rum	رم
Tesouro	كنز
Tripulação	طاقم

Plantas
النباتات

Arbusto	شوب
Árvore	شجرة
Baga	بيري
Bambu	بامبو
Botânica	علم النبات
Cacto	صبار
Erva	عشب
Feijão	فاصوليا
Fertilizante	سماد
Flor	زهرة
Flora	النباتية
Floresta	غابة
Folha	ورقة
Folhagem	أوراق الشجر
Hera	لبلاب
Jardim	حديقة
Musgo	طحلب
Pétala	البتلة
Raiz	جذر
Vegetação	نبت

Praia
شاطئ بحر

Areia	رمل
Azul	أزرق
Barco	قارب
Caranguejo	سرطان
Costa	ساحل
Doca	رصيف
Guarda-Chuva	مظلة
Ilha	جزيرة
Lagoa	لاجون
Mar	بحر
Oceano	محيط
Sandálias	صنادل
Sol	شمس
Toalha	منشفة
Veleiro	مركب شراعي

Preencher
للتعبئة

Bacia	حوض
Balde	دلو
Bandeja	صينية
Barril	برميل
Bolso	جيب
Caixa	علبة
Cesta	سلة
Envelope	مغلف
Garrafa	زجاجة
Gaveta	الدرج
Jar	جرة
Mala	حقيبة سفر
Navio	وعاء
Pacote	حزمة
Pasta	مجلد
Saco	كيس
Tubo	أنبوب
Vaso	زهرية

Profissões #1
المهن #1

Advogado	محامي
Alfaiate	خياط
Artista	فنان
Astrônomo	فلكي
Banqueiro	مصرفي
Bombeiro	رجال الاطفاء
Caçador	صياد
Cartógrafo	رسام خرائط
Cientista	عالم
Dançarino	راقصة
Editor	محرر
Embaixador	سفير
Encanador	سباك
Enfermeira	ممرض
Geólogo	جيولوجي
Joalheiro	صائغ
Marinheiro	بحار
Pianista	عازف البيانو
Psicólogo	علم النفس
Veterinário	طبيب بيطري

Profissões #2
المهن #2

Agricultor	مزارع
Astronauta	رائد فضاء
Bibliotecário	أمين المكتبة
Biólogo	أحيائي
Cirurgião	جراح
Dentista	طبيب أسنان
Engenheiro	مهندس
Filósofo	فيلسوف
Ilustrador	المصور
Inventor	مخترع
Investigador	باحث
Investigador	محقق
Jardineiro	بستاني
Jornalista	صحفي
Linguista	لغوي
Médico	طبيب
Piloto	طيار
Pintor	دهان
Professor	مدرس
Zoólogo	عالم الحيوان

Restaurante # 2
مطعم رقم 2

Almoço	غداء
Água	ماء
Bebida	مشروب
Bolo	كيك
Cadeira	كرسي
Colher	ملعقة
Delicioso	لذيذ
Especiarias	توابل
Fruta	فاكهة
Garçom	النادل
Garfo	شوكة
Gelo	جليد
Jantar	عشاء
Legumes	خضروات
Macarrão	المعكرونة
Ovo	بيض
Peixe	سمك
Sal	ملح
Salada	سلطة
Sopa	حساء

Restaurante #1
مطعم #1

Alergia	حساسية
Café	قهوة
Caixa	صراف
Carne	لحم
Comer	لتناول الطعام
Cozinha	مطبخ
Faca	سكين
Frango	دجاج
Garçonete	نادلة
Guardanapo	منديل
Ingredientes	مكونات
Menu	قائمة
Molho	صلصة
Pão	خبز
Picante	حار
Placa	طبق
Reserva	حجز
Sobremesa	حلوى
Tigela	وعاء

Roupas
ملابس

Avental	مئزر
Blusa	بلوزة
Calça	سراويل
Camisa	قميص
Casaco	معطف
Chapéu	قبعة
Cinto	حزام
Colar	قلادة
Jaqueta	السترة
Jeans	جينز
Luvas	قفازات
Meias	جوارب
Moda	موضة
Pijama	ملابس نوم
Pulseira	سوار
Saia	تنورة
Sandálias	صنادل
Sapato	حذاء
Suéter	سترة
Vestido	فستان

Tecnologia
تقنية

Arquivo	ملف
Blog	مدونة
Bytes	بايت
Câmera	كاميرا
Computador	الحاسوب
Cursor	المؤشر
Dados	البيانات
Digital	رقمي
Estatísticas	الإحصاء
Fonte	خط
Internet	إنترنت
Mensagem	رسالة
Navegador	المتصفح
Pesquisa	بحث
Segurança	أمن
Software	برمجيات
Tela	شاشة
Virtual	افتراضية
Vírus	فيروس

Tempo
الوقت

Agora	الآن
Ano	سنة
Antes	قبل
Anual	سنوي
Calendário	تقويم
Década	العقد
Dia	يوم
Futuro	مستقبل
Hoje	اليوم
Hora	ساعة
Manhã	صباح
Meio-Dia	وقت الظهيرة
Mês	شهر
Minuto	دقيقة
Momento	لحظة
Noite	الليل
Ontem	أمس
Passado	الماضي
Semana	أسبوع
Século	قرن

Tipos de Cabelo
أنواع الشعر

Branco	أبيض
Brilhante	لامع
Cachos	تجعيد الشعر
Careca	أصلع
Cinza	رمادي
Colori	ملون
Encaracolado	مجعد
Fino	رقيق
Grosso	سميك
Loiro	أشقر
Longo	طويل
Marrom	بني
Ondulado	متموج
Prata	فضة
Preto	أسود
Saudável	صحي
Seco	جاف
Suave	ناعم
Trançado	مضفر
Tranças	الضفائر

Vegetais
خضراوات

Abóbora	يقطين
Aipo	كرفس
Alcachofra	خرشوف
Alho	ثوم
Batata	البطاطس
Beringela	باذنجان
Brócolis	بروكلي
Cebola	بصل
Cenoura	جزر
Chalota	الكراث
Cogumelo	فطر
Ervilha	البازلاء
Espinafre	سبانخ
Gengibre	زنجبيل
Nabo	لفت
Pepino	خيار
Rabanete	فجل
Salada	سلطة
Salsa	بقدونس
Tomate	طماطم

Veículos

المركبات

Ambulância	سيارة إسعاف
Avião	طائرة
Balsa	العبارة
Barco	قارب
Bicicleta	دراجة
Caminhão	شاحنة
Caravana	قافلة
Carro	سيارة
Foguete	صاروخ
Helicóptero	هليكوبتر
Jangada	طوف
Lambreta	سكوتر
Metrô	مترو
Motor	محرك
Ônibus	حافلة
Pneus	الإطارات
Submarino	غواصة
Táxi	تاكسي
Transporte	المكوك
Trator	جرار

Verão

الصيف

Acampamento	تخييم
Alegria	مرح
Amigos	اصحاب
Estrelas	النجوم
Família	أسرة
Jardim	حديقة
Jogos	ألعاب
Lazer	الترفيه
Livros	الكتب
Mar	بحر
Mergulho	الغوص
Música	موسيقى
Praia	شاطئ
Relaxamento	استرخاء
Sandálias	صنادل
Viagem	السفر

Virtudes #1

الفضائل #1

Apaixonado	عاطفي
Artístico	فني
Bom	حسن
Curioso	فضولي
Decisivo	حاسم
Eficiente	فعالة
Encantador	ساحر
Engraçado	مضحك
Generoso	كريم
Imaginativo	الخيال
Independente	مستقل
Inteligente	ذكي
Limpo	نظيف
Modesto	متواضع
Paciente	صبور
Prático	عملي
Sábio	حكيم
Útil	مفيد

Xadrez

شطرنج

Aprender	يتعلم
Branco	أبيض
Campeão	بطل
Concurso	منافسة
Desafios	التحديات
Diagonal	قطري
Estratégia	إستراتيجية
Jogador	لاعب
Jogo	ملعب
Oponente	الخصم
Passivo	مبني للمجهول
Pontos	النقاط
Preto	أسود
Rainha	ملكة
Regras	قواعد
Rei	ملك
Sacrifício	تضحية
Tempo	الوقت
Torneio	مسابقة

Parabéns

Conseguiu!

Esperamos que tenha gostado tanto deste livro como nós gostamos de o desenhar. Esforçamo-nos por criar livros da mais alta qualidade possível.
Esta edição foi concebida para proporcionar uma aprendizagem inteligente, de qualidade e divertida!

Gostou deste livro?

Um simples pedido

Estes livros existem graças às críticas que publica.
Pode ajudar-nos, deixando agora uma revisão?

Aqui está um pequeno link para
a sua página de revisão:

BestBooksActivity.com/Avaliacoes50

DESAFIO FINAL!

Desafio n° 1

Está pronto para o seu jogo grátis? Usamo-los a toda a hora, mas não são tão fáceis de encontrar - aqui estão os **Sinônimos!**
Escreva 5 palavras que encontrou nos puzzles (n° 21, n° 36, n° 76) e tente encontrar 2 sinónimos para cada palavra.

Escreva 5 palavras de **Puzzle 21**

Palavras	Sinônimo 1	Sinônimo 2

Escreva 5 palavras de **Puzzle 36**

Palavras	Sinônimo 1	Sinônimo 2

Escreva 5 palavras de **Puzzle 76**

Palavras	Sinônimo 1	Sinônimo 2

Desafio n° 2

Agora que já aqueceu, escreva 5 palavras que encontrou nos Puzzles (n° 9, n° 17 e n° 25) e tente encontrar 2 antônimos para cada palavra. Quantos se podem encontrar em 20 minutos?

Escreva 5 palavras de **Puzzle 9**

Palavras	Antônimo 1	Antônimo 2

Escreva 5 palavras de **Puzzle 17**

Palavras	Antônimo 1	Antônimo 2

Escreva 5 palavras de **Puzzle 25**

Palavras	Antônimo 1	Antônimo 2

Desafio n° 3

Óptimo! Este desafio final não é nada para si.

Pronto para o desafio final? Escolha 10 palavras que tenha descoberto nos diferentes puzzles e escreva-as abaixo.

1.	6.
2.	7.
3.	8.
4.	9.
5.	10.

Agora escreva um texto a pensar numa pessoa, num animal ou num lugar de seu agrado.

Pode utilizar a última página deste livro como um rascunho.

A Sua Composição:

CADERNO DE NOTAS:

ATÉ BREVE!

A equipa Inteira

DESCUBRA JOGOS GRATUITOS

GO

BESTACTIVITYBOOKS.COM/FREEGAMES